"走进课堂做研究"系列学术著作

如何做小课题研究

费伦猛 著

Ruhe Zuo Xiaoketi Yanjiu

版权所有　翻印必究

图书在版编目（CIP）数据

如何做小课题研究/费伦猛著. —广州：中山大学出版社，2018.12
ISBN 978-7-306-06481-3

Ⅰ.①如…　Ⅱ.①费…　Ⅲ.①中小学—教学研究　Ⅳ.①G632.0

中国版本图书馆 CIP 数据核字（2018）第 252577 号

RUHE ZUO XIAOKETI YANJIU

出 版 人：	王天琪
策划编辑：	李　文
责任编辑：	周明恩
封面设计：	林绵华
责任校对：	袁双艳
责任技编：	何雅涛
出版发行：	中山大学出版社
电　　话：	编辑部 020 - 84111946，84113349，84111997，84110779
	发行部 020 - 84111998，84111981，84111160
地　　址：	广州市新港西路 135 号
邮　　编：	510275　　传　真：020 - 84036565
网　　址：	http://www.zsup.com.cn　E-mail: zdcbs@mail.sysu.edu.cn
印 刷 者：	广州市友盛彩印有限公司
规　　格：	787mm × 1092mm　1/16　13.75 印张　235 千字
版次印次：	2018 年 12 月第 1 版　2024 年 4 月第 6 次印刷
定　　价：	50.00 元

如发现本书因印装质量影响阅读，请与出版社发行部联系调换

前　　言

我在2009年出版了《发展路上——点击小课题研究》，2011年出版了《如何做小课题研究》。这两本书记载了我对中小学教师教育科研的实践审思和倡导的教育主张，也浸润了我对"如何做小课题研究"的理解和追求。

也正是从2011年开始，我启动了对这本书的修订。在这近八年的思考和写作期间，我公开发表了《小课题研究：教师个人教学哲学建构的有效途径》《小课题研究的过程指导框架与实施策略探析》《学科教师小课题引领的教研方式创新》等学术论文近20余篇，主持完成"基于校本的'小课题'研究""教师小课题的校本行动研究——以珠三角若干学校为例""创新教研方式与评价研究：以学科教师小课题为引领的'5W2H'新视角"等政府资助教育科学规划课题3项，小课题研究系列成果也先后荣获各级教学成果奖、创新成果奖。本书有选择地浓缩了这些成果的精华，可以视为2011年版《如何做小课题研究》的修订提升版。

本书中，我大体保留了2011年版《如何做小课题研究》的框架。全书以真实案例解读，深入剖析"什么是小课题研究""为什么要做小课题研究""如何做小课题研究"三大问题。全书共分六章，围绕"如何做小课题研究"这一核心，解析六个基本问题：一、小课题"小"在哪里？二、小课题"好"在哪里？三、如何将小问题转化为小课题？四、小课题研究的基本过程和常用方法有哪些？五、小课题研究成果如何表达？六、如何进行小课题研究过程管理和指导?

本书针对中小学教师开展小课题研究难点和关键问题,提供了23个真实案例,还以第三方视角,从小课题研究操作要点出发进行点评,以帮助读者融会贯通地理解小课题研究的基本内涵、掌握小课题研究的基本过程、常用方法、成果表达形式,了解小课题研究过程性管理要求。基于基础教育科研长期的跟踪、观察、思考,笔者遵循教育科研一般规律,在充分认识小课题"小"和"好"的基础上,按照"选题、析题、定题、做题、结题、用题"六步法,开发出"支架"式问题解决方案设计指引、小课题研究手册、"5W2H"跟踪诊断工具、二次检验图谱等操作性工具,运用于23个真实案例中,融合小课题研究内容,嵌入小课题研究方法,构建出中小学学科教师小课题研究问题解决整体方案,进行小课题研究实操性过程指引。

本书是"走进课堂做研究"系列著作之一,本书得以成文,有赖于海珠区教育科研整体先行探索,有赖于全国小课题研究践行者认真参与和案例借鉴提炼,有赖于中山大学出版社李文教授的推进写作和修改……我们期待并相信,这本书既是奉献给基础教育管理者、研究者的学习参考书,也是广大中小学教师开展小课题研究不可多得的实用操作指南(工具书)。

学术有争论,本书中难免存在瑕疵,祈请读者指正,期待与读者进一步交流。

费伦猛

2018年10月

目　　录

第一章　特性：小课题"小"在哪里 ………………………… 1
  一、什么是小课题研究 ……………………………………… 2
  二、小课题研究有哪些特性 ………………………………… 4
  三、小课题研究与大课题研究的区别 ……………………… 6

第二章　优势：小课题"好"在哪里 ………………………… 11
  一、研究自我实践的问题 …………………………………… 12
  二、创新学科组校本教研方式 ……………………………… 12
  三、支撑学校内涵式发展的主课题 ………………………… 17

第三章　选题：从小问题到小课题 ………………………… 23
  一、问题从哪里来 …………………………………………… 23
  二、将"小问题"转化为"小课题" ……………………… 29

第四章　做题：小课题研究过程和方法 …………………… 40
  一、小课题研究的基本过程 ………………………………… 40
  二、小课题研究的常用方法 ………………………………… 44

第五章　结题：小课题研究成果表达形式 ………………… 104
  一、成果表达形式之一：教学反思 ………………………… 105

二、成果表达形式之二：教育叙事 …………………………………… 112

三、成果表达形式之三：精品课例 …………………………………… 120

四、成果表达形式之四：教育案例 …………………………………… 138

五、成果表达形式之五：行动研究报告 ……………………………… 151

第六章　管理：小课题研究过程指导 …………………………… 170

一、过程牵引，校本指导 ……………………………………………… 170

二、宏微调配，区域推进 ……………………………………………… 181

目录

本书精选案例索引

案例1　为"中等作文"定制评讲的"另类招数" …………………… 8

案例2　捕捉小问题，形成小课题 ……………………………………… 14

案例3　从"教育交往"到"交往教育"的研究
　　　　——江苏海安县实验小学小课题研究与学校主课题实验的
　　　　协同发展 ………………………………………………………… 18

案例4　小学高年级学生数学草稿本有效应用的实践研究 ………… 33

案例5　一次校本教研工作现状问卷调查和分析 …………………… 46

案例6　从"挨挨挤挤"到"争先恐后" ……………………………… 53

案例7　深化小课题研究的内容分析 ………………………………… 57

案例8　互动型数学课堂管理行为的行动研究 ……………………… 66

案例9　做一位优秀教师，不需要累死在讲台上 …………………… 79

案例10　一个课堂教学案例的开发与撰写过程 ……………………… 82

案例11　我拿听课老师当模特儿
　　　　——《教室里的不速之客》作文指导课的课堂实录与
　　　　评析 ……………………………………………………………… 94

案例12　教教材与用教材
　　　　——以九年级物理"功和机械能"为例 …………………… 108

案例13　一条短信引发的感动和思考 ………………………………… 112

案例14　人生中最美丽的"艳遇" …………………………………… 118

案例15　三教《生命　生命》之悟 …………………………………… 123

案例16　阅读课的"有意设计"和"无意呈现" …………………… 132

案例 17　"刺头"不再棘手 …………………………………… 139

案例 18　把"班刊"种在心田 …………………………………… 146

案例 19　我的角色课堂 …………………………………… 152

案例 20　历史剧——让学生动起来的历史课 …………………………………… 159

案例 21　小课题研究规范管理建设指南 …………………………………… 171

案例 22　研教结合，校本指导 …………………………………… 177

案例 23　构筑区域性小课题研究推行机制
　　　　　——以浙江省淳安县为例 …………………………………… 184

第一章　特性：小课题"小"在哪里

搞课题累，做研究苦，这是一线老师的普遍呼声；把研究当任务而简单应付，这是一线老师的常见行为。虽极不情愿做这种"苦差事"，但评优晋级可加分，提拔重用是砝码，许多老师不得不去"装点门面"，不得不追求科研的"档次"，因而低效科研、形式科研、门面科研层出不穷，中小学出现了教学与科研"两张皮"的现象。

上海市教科院普教研究所课题组对"上海市基层学校教育科研工作状况调查"结果显示：学校教育科研工作确实存在着"形式主义""急功近利""追风时髦一窝蜂"的现象。尹晓军、沈兆良在《教育科研的现状与应对策略——来自宁波市中小学的调查和分析》一文中指出：对教育科研的错误认识导致了"应评科研"的产生；中小学教育科研的主要目的是为了贡献系统的教育科学理论还是为了改进教育教学实践，对这个问题的定位模糊；中小学教师的升学重压阻碍了教育科研的健康发展。① 费伦猛主持的"教师小课题的校本行动研究——以珠三角若干学校为例"也发现：教育科研观念与行为之间存在较大的反差，教师"被科研"情况还是很普遍；教师科研主体地位弱化，教育科研与常规教学工作的关系还需进一步摆正。②

之所以如此，其主要原因很多，通过与广大教师交谈、访谈后，可以主要归结为两方面：**第一，课题选题问题**。有些学校和教师在教科研工作中，不是根据教育教学工作实际需要认认真真地选题，不是把精力放在解决具体问题上，而是放在争取课题立项和撰写论文上。学校轰轰烈烈地开

---

① 尹晓军、沈兆良：《教育科研的现状与应对策略——来自宁波市中小学的调查和分析》，载《教育发展研究》2004 年第 6 期。

② 费伦猛：《深化小课题研究的量化分析》，载《课程教学研究》2016 年第 2 期。

展各级各类课题研究，一些课题或者大而无当，或者虚而失实，或者伪而乏真，从立项开始就与一线教师之间存在着一层"厚障壁"。**第二，利益主体、责任主体、研究主体三者相脱离**。中小学很多课题，不是根据学校实际需要，不是根据教师实际情况，而是不加选择、盲目地参与各种各样的课题，而且"校长领衔、全体参与"，这种利益主体不在学校和教师，广大一线教师不是根据自我专业发展需求选择课题，当他们"被成为"课题研究成员时，必然会导致他们或作为"旁观者"而存在，或作为"研他员"而存在，大多数教师并没有作为真正的主体而存在。利益主体、责任主体、研究主体三者一旦分离，必然会出现"开头轰，中间空，结尾松""说起来重要，做起来次要，忙起来不要"的现象，教育科研没有很好地为教育教学实践服务，没有很好地为教师专业成长服务。

正是基于此，与这些"大课题"相区别，"小课题研究"频频出现在与中小学教师相关的"字眼"里。小课题研究产生于中小学，源于一线教师对自身教育教学工作的反思以及对教育实践困惑的追问，是贴近教育教学实际、适合教师自己开展的一种课题研究方式。小课题研究对于改进教育实践、关注学科核心素养、促进教师专业成长、全面推进素质教育、全面提高教育教学质量具有重要意义，因而得到广大教师广泛关注、普遍认同和自发追求。

一、什么是小课题研究

在查阅文献资料过程中，我们很遗憾地发现，在国外鲜有"小课题"的提法和说法。但是，美国教育部一直关注一线教师小课题研究范式，如早在2002—2007年教育战略目标中就规定，"支持教师在基于研究的教学工作中获得专业发展""关注基于研究的教学实践"。法国教育预测专家、巴黎偌儿马学派的著名教授弗朗西斯科·瓦尼斯科特博士描述21世纪5种中小学模式之一是：学术型学校模式，旨在使中小学成为读书钻研的基地，突出基础教育理论教学，以读书和学术为己任。日本在"教育改革国民会议"中，通过21世纪教育新生计划，强调"加强对教育研究能力欠缺教师的严格管理"。可见，很多国家引导中小学教师参与教育科学研究，提高广大教师的科研素养，"关注基于研究的教学实践"，这本身是鼓励支持中小学教师进行"小课题"研究。在国内，从研究内容来看，在中小学教育科研课题中也存在很多"小而精"的课题，只不过没有用"小课题"研究的字眼来表述而已。

对于什么是"小课题"研究，学者们从不同角度给出了诸多定义，仁者见仁，智者见智，莫衷一是。

华南师范大学教育科学学院吴全华教授认为，"小课题研究是从教情、学情、校情出发，由教师个人或科组教师共同确立、研究的直接服务于教育教学实践的应用性课题研究，它属于校本教研的范畴"。①

浙江大学管理学院陈赟教授认为，"小课题"研究主要是指"教师以解决教学实际问题为中心进行的可行性研究"。②

江苏省海安县教育局教科室陈萍老师则认为，"小课题"研究是"作为教育活动'当事人''实践者'的教师，自觉针对自身教育教学实践中的某些问题、话题，进行持久关注，不断反思追问，积极进行改进实践的研究性教育行为"。③

汇总多方面的研究，且经过我们反复研讨和实践检验，我们认为，所谓小课题研究，是一个相对的概念，主要是指中小学一线教师在短时期内以解决自身教育教学实际问题为中心，采用适宜的方法积极主动进行实践改进的一种课题研究方式。

我们对小课题研究内涵的界定，明确了小课题的研究对象（中小学教师）、空间（相对）、时间（短时间）、目的（解决自身教育教学实际问题）、方法（不仅采用科研方法，而且方法要适宜）、状态（积极主动）、价值追求（实践改进研究范式）等多种要素，克服了将小课题研究实效性

---

① 吴全华：《教师小课题研究的特点与基本条件》，载《广东教育》2007年第7期。
② 陈赟：《小课题研究的探析》，载《教育科学论坛》2007年第3期。
③ 陈萍：《微型课题研究：语文教师的一种常态化研究方式》，载《上海教育科研》2007年第3期。

无限扩大或者无条件对小课题进行严格要求的倾向，对"如何做小课题"起到重要的指导作用，无论从参与教师实操层面，还是从文献转载和引用来看，都得到了中小学教师的广泛认同。

小课题研究常常以课堂为现场、以教学为中心、以教师为主体、从实际出发开展教学研究。在小课题研究过程中，教师们可根据各自的不同兴趣、不同特长、不同需要和教学实践中发现的不同问题进行个性化的研究，甚至得出个性化的结论。

二、小课题研究有哪些特性[①]

一般认为，小课题研究的"小"表现在以下五个方面：

1. 研究切入点相对较小

小课题研究不是为了构建某种宏大的理论，也不是为了发现某种普遍的规律，而是完全出自教师自身的需要，这种需要与教师的日常教育教学紧密结合，所涉及的因素较单一，关注的是教育教学活动中问题的"某点"或者某个细节，主要解决教师工作中遇到的困惑，解决教师自己真实的小问题，如上课时，学生不愿举手发言怎么办，新授课课堂导入如何设计，怎样提高提问的效度等。也许这些问题有些"小家子气"，以至于无法进行大课题立项，但它们恰恰又是众多一线教师在日常的教育教学活动中遭遇的最为真实的难题，是影响着教师顺利组织教育活动的现实问题。教师研究这些小问题，既包括圆满完成教育教学任务的美好愿望，又包括教师提高自身专业素养的成长动机，是教师应对"专业困境"所表现出来的积极姿态。

2. 研究投入相对较小

中小学教师的小课题研究，从研究的人员构成来看，所涉及的人员少，既可以个人独立进行，也可以两三个人共同进行研究。从研究的过程

---

① 费伦猛：《小课题"小"在哪里——中小学教师小课题研究的典型特征剖析》，载《课程教学研究》2013年第8期，第86-88页。

来看，小课题研究的问题是常规教学中的小难题，它一般没有热热闹闹的开题报告会，也没有如今一些学校那样的课题挂牌仪式，更没有用于小课题研究的人力、物力、财力的专项投入。众多一线教师将日常的教育教学活动中遭遇的最为真实的小问题、小难题，转换为小课题开展研究，在日常的教育教学过程中，解决影响教师顺利组织教育活动的现实问题。

3. 研究周期相对较短

小课题研究基于在实际工作中解决具体问题，一个问题解决了，得到一点收获，就可以转入下一个问题的研究。它不需要触及该问题的方方面面，更不需要形成系统的经验总结，也不苛求一定要将自己的研究心得发表，关键是要让自己体会到"眼前一亮""心头一喜"的愉悦。在这种自主、自发的教育教学过程中尝试解决影响教育教学效率和质量的问题，在这种对教学过程的干预和对教学方法的改进的过程中，教师不自觉地进入研究状态。

4. 研究方法相对简单

小课题研究比较符合广大教师真实的研究水平，进行小课题研究，教师一般不需要专业研究人员具备的有关研究设计和解释的高级技术，只要具有基本的研究知识，会简单运用调查、案例、课堂观察、行动研究等方法，在设计的程序上也不需要那么严格，往往在比较自由的读书、行动、反思中做出调整。特别是课题研究的低门槛更易调动教师参与教育科研的积极性，培养他们对科研的兴趣。

但是，小课题研究方法相对简单，并不是说小课题研究不需要方法。一线教师经常出现"有研究无方法"的现象，尽管在研究计划和研究方案中罗列了不少研究方法，可"研究"时并没有应用这些方法去"研究"。以读书和查阅文献为例，读书、查阅文献是教育科研的一项重要活动，它贯穿研究的全过程，小课题研究也不例外。如在开展初中"列方程解应用题"教学难点的破解这个小课题研究，"列方程解应用题"为什么让学生感觉如此之难？难点到底是什么？这首先就需要进行读书和查阅文献资料，以便从中了解到同行对这个问题的看法和解决问题的建议；同时，还需要利用数学科集体备课的时间，与备课组教师进行一次深入的交流，汇总教师的意见。在此基础上，综合所收集的资料和备课组意见，归纳出解决"列方程解应用题"的教学难点。这样，既有广泛的文献查阅和研读，又有与同行同事进行同伴互助式研讨，必要时还要向专家请教。教师在反思、分析与综合、借鉴的基础上，确定问题解决的方法，设计好研究蓝图，形成小课题研究方案。

5. 研究成果相对质朴

小课题研究成果的表述不同于规划大课题，强调在"做得好"的基础上"写得好"，从表达形式上看，它一般不需要编写专著，也不一定要撰写长篇的结题报告和专业论文。它既可以是教育日志、教育叙事、教育反思、教育案例、精品课例，也可以是研究小报告、小论文，甚至可以是听评课稿、沙龙材料、学生作品和音像作品、图表、教具等实物。这些成果没有晦涩、艰深的理论阐述，而是或自由表达，或理性提升，或问题取向，或直抒胸臆，教师用朴实的语言叙述自己生动的实践，从实践中提炼观点，让自己的隐性知识显性化，与同行分享成功经验。这些研究方式和成果表达形式，成为教师研究的基本存在形态。

总而言之，小课题研究的目的是改进自己的教学实践，促进自己的专业发展；研究的对象是自己教育教学实际当中具体的、细小的、真实的问题；研究的方法涉及内容分析法、行动研究、叙事研究、案例研究、调查研究、课堂观察等；研究的情境就是学校、课堂；研究的基础是教师的研究兴趣、教学需要、支持环境、现实能力；研究的主体就是教师；研究的优势是教师每天都在教育教学"现场"，身临其境，每天都会遇到很多鲜活的教育情境、教育问题、教育故事。

三、小课题研究与大课题研究的区别

小课题研究是在与大课题研究的区别中产生的。小课题研究虽然在一定程度上扫除了一些传统大课题研究的不良积习，但并不意味着彻底的背离，而是对于传统的理性继承与开拓。小课题研究更好地促进两大可喜的"回归"：教育研究回归到教育教学一线，回归到广大一线教师身边。

第一章 特性：小课题"小"在哪里

一般来说，小课题研究与大课题研究有以下区别：

1. 目标与选题

大课题研究是为了解决学校乃至一个地区面临的突出问题，这种问题比较宏观，影响面大，如学生评价、未成年人思想道德教育、家长与学校关系、考试制度改革、教师工作压力等。小课题研究是为了提高教师专业精神和专业素养，使广大教师成为研究者。因此，小课题研究与教师的日常教育教学紧密结合，是为了解决教师工作中遇到的困惑，如某一类题目该怎样讲，某一种课型怎样进行设计，某一类学困生怎样进行转化等。

2. 研究方法

大课题研究方法有行动研究方法、文献法、教育实验方法等，一般是一个团队进行研究，有学校的大力支持，甚至进行学校机制变革。而小课题研究则是教师一个人或几个人的行为，主要方法是读书、行动、反思。它不强调一种研究方法的完整运用，而强调为解决自己的教育教学困惑对研究方法的灵活运用。

3. 研究过程

大课题研究一般要经过课题立项、进行可行性分析、进行分工、实施大型活动或推行重大制度、中期检查、课题结项等，课题管理比较严格。而小课题研究不一定有这么严格的步骤，只要求有问题意识，发现问题，然后寻找解决问题的方法，验证方法的有效性。它不一定需要立项，也不一定需要进行中期检查，没有固定的研究模式，没有强制的操作流程，它更加强调教师发现问题、确立选题、进行研究的自觉行动。

4. 研究成果

大课题研究最后要有论文论著和结题报告等，而小课题最后可能是自己教育教学方式的改进，而教育案例、精品课例、教学日记、教育随笔、教育叙事等是其成果的主要表现形式。其研究目的是帮助教师提升教育智慧，促进专业发展，享受研究的过程和成长的喜悦。

当然，大课题研究与小课题研究的区别是相对的，两者之间也是相互联系的，如通过小课题研究培养教师进行大课题研究的能力和思维方式，为进行大课题研究做准备；许多大课题研究都可以细分成许多小课题，通过小课题研究把大课题研究具体化。

目前,教育行政部门已经高度关注小课题研究,江苏、广东等地区已经把小课题作为教育局教育科研课题的规划项目。但小课题研究还基本处于自发状态,组织化、制度化和专业化程度不及大课题研究。

案例1 为"中等作文"定制评讲的"另类招数"①

一、我遇到问题了

今天作文评讲课我遭遇了空前的尴尬。我挑选了上周作文中的几篇优秀作品,不仅制作了课件,还让"小作家"们为自己的得意之作录了音。在播放录音时,小金同学竟然鼾声大起!我急忙走过去。"陈老师,小金是假装睡觉的,"邻座的小汪告诉我,"他刚才还说,这样的作文评讲真没劲,老一套!"

这引起了我的深思。课间我没有回办公室休息,而是坐到小金身边,跟他聊起来。小金的作文语言通顺但少精彩之笔,叙述清楚却乏细腻之处——这类作文由于处于全班"不上不下"的水平,因此被称为"中等作文",占三分之一左右。在评讲课上,这类作文既不会被老师作为优秀作文来展示,也不会被作为病文劣作来剖析,处于"被遗忘的角落",难怪小金会"抗议"。

引领中等生踊跃参与到作文评讲中来,传统的做法往往"没辙",那么有没有一些突破传统的"另类招数"呢?

二、我的小课题

为"中等作文"定制评讲的"另类招数"。

三、我的研究预想

研究用时:半学期。

---

① 本文作者是陈赟。原文题目是《中小学教育科研突围:直面真实》,选自《当代教育科学》2006年第7期,此处为部分摘选并略有编辑。

研究方法：第一步，采用文献法，以"作文评讲"为主题词多方收集资料，以此获得灵感点拨；第二步，采用访谈法，通过课间和学生交流、"我喜爱的作文评讲课"征文等来了解同学们理想中的评讲课是怎样的，特别注意中等生独特的心理需求；第三步，采用"行动法"，例如，请小作者们组成"小剧组"，按照习作所叙述的情节，表演"作文剧"，由于"中等作文"习作存在着平铺直叙等缺点，"演出"必然干巴呆板，在此情境中，教师应给予作者较强的积极刺激，鼓励作者通过自我反思而自知优劣，进而努力改进自我写作状态；第四步，采用经验总结法，认真总结、验证、提炼经验，撰写教育案例，尽可能写成研究论文，如确有一定推广价值，则投寄报刊。

四、预期文本成果

一本班级学生优秀作文选；一篇有关作文评讲问题的论文；几篇研究故事或案例。

五、我的求助

我希望得到语文组老师提供以下帮助：

（1）共同分析中等生写作的特点和存在的主要问题。

（2）提供各自有研究价值的作文评讲课（或片段）实录，特别是评讲"中等作文"的有效方法的相关资料或信息。

（3）一起研究小学生优秀作文标准，探讨帮助"中等学生"提升写作水平的策略及途径。

点评：

由以上实施简案可以看到，小课题研究的要素包括：具体的研究对象、现实问题的触动描述、鲜明的意旨表达、可行的方法设计、清晰的程序勾勒、大致的成果预期等，可谓"麻雀虽小，五脏俱全"。小课题是教师为解决具体的、较为微观的现实问题而确立的。它往往会用到常规课题研究中常用的一些研究方法，但又相对简单，不追求方法自身的严密性；它与实践操作或行为改进紧密互动，又有机融合，更注重过程本身，是一种平民化或草根化的研究样式，因而不一定需要教育行政以及科研机构的

认定和立项（当然，如能认定和立项更好），倡导自主、自立、自为、自用；它服务于教育实践者的日常工作，但又在实践反思、经验积累中养成理性智慧，以此指导和改进研究者将来的工作。

第二章 优势：小课题"好"在哪里

毫无疑问，教育科研是教育工作的重要组成部分，受到工作需要和学术发展的双轮驱动，负有科研兴校、科研兴教、学科建设和教师发展四重使命。尤其是随着课程改革的深入推进，对重新审视课堂教学，置身于主打这场"攻坚战"之中的广大教师而言，更是不时地感到心有余而力不足。科研如何兴教？学科如何建设？教师专业如何发展？……这些都是深邃、宽泛的话题。以"教师专业如何发展"话题为例，综观当前，不少专业发展模式已应运而生，诸如导师引领模式、名师研修模式、课程开发模式等；各种基于上述模式下的运作载体也如雨后春笋般涌现，诸如专题讲座法、现场观摩法、主题讨论法、个别辅导法、合作探究法等，不一而足。但透析其间，此类模式及载体，均不外乎自上而下的外因试图诱发内因嬗变的"外接"程式，教师往往处于奉命是听、可望而不可即的尴尬境地，没能真正触及教师的灵魂、激发教师的潜在内力，其效用实不显著。

小课题研究强力打造的是教师由里及表的穿透力，着力塑造的是教师自内而外的能动的自主研发行为，教师要关注自身实践中有意义的事件和日常工作中有价值的困惑，要在看似无问题的"教学惯性"中发现问题，在问题成堆时聚焦某一个问题，并在教育教学过程中激发学生的热情、挖掘学生的潜能、塑造学生的人格，进而丰富自己的情感，满足自己的精神追求，提升自身的生命价值，实现自己的幸福理想。从这种意义上讲，小课题是教师专业发展的基点，是教师踏上"幸福研究路"的必经之路，也是中小学教师科研追求的真正境界。在这样的境界下，教师自己是幸福的，学生也是幸福的。

具体来说，小课题研究对教师专业发展的促进作用可有以下几个方面：

一、研究自我实践的问题[①]

"发现问题比解决问题更重要。"没有问题意识,发现不了自身存在的问题那才是最大的问题。教师专业发展,始于问题的发现,终于问题的解决,由此形成一个"实践—认识—再实践—再认识"的不断循环往复的过程。

小课题研究是培养问题意识的极佳途径之一。小课题研究产生于中小学,源自一线教师对自身教育教学工作的反思以及对教育实践困惑的追问。小课题研究的起点,首先,始于教师对"不明"情况的探究,也就是教师因为一些大大小小的"疑惑"而进行的研究。比如一种有普遍意义的反常倾向、学生中比较固定的落后行为、课堂中的意外、教学的无效等一时无法解释的现象,都可以成为一项研究的起点。其次,始于教师对教育现象的追问,也就是说教师把对教育现象的追问作为支点提出"自己的问题",在这个过程中,教师以深度介入的态度把自己放到事件当中去。而且,教师把自己的日常备课、教学过程、教育策略、相关活动的内容,与自己提出的研究问题紧密结合在一起,有意识、有计划地去解决一些问题。当教师意识到自己的教学出现了某种"问题",并想方设法在行动中去解决,且不断反思解决问题的效果时,就不知不觉地走上了一条"发现问题—探究问题—解决问题"的研究之路。

二、创新学科组校本教研方式[②]

当下对于教师教研的研究一片繁荣,"校本教研""联片研修"和"工作坊"等多种正式与非正式的教研方式层出不穷,众多形式的教研互

---

① 费伦猛:《小课题研究:教师个人教学哲学建构的有效途径》,载《教育评论》2015年第11期,第118-121页。
② 费伦猛:《学科教师小课题引领的教研方式创新》,载《教学与管理》2016年第3期,第39-41页。

为补充，力求丰富教师专业发展的渠道。从一定意义上讲，正是这种方式的不断探索创新才使教师教研不致沦为教育改革中的"时尚新装"，而是成为促进教师专业发展的"不竭动力"。但是，许多教师对教研活动仍存有倦怠情绪，大致原因如下：①教研活动选题与方案设计需要花费大量的时间与精力，而一线教师日常教学任务繁重，无暇无力始终参与其中；②教研活动充斥着自上而下外推式的行政色彩，"应试教育"的价值取向无法适应现代教育发展的要求；③"弥补缺陷"式的教研方式忽视了教师自主发展的需求，仅能起到"输血"作用，却未发挥"造血"功能；④对于具体学科来讲，教研活动往往存在"单一讲授为主，缺乏形式推新；经验介绍为主，缺乏系统设计；主题组织泛化，缺乏行为跟进"等问题，难以适应教师分层、持续的专业发展要求。

如果将教研革新的视线投向小课题引领下创新学科教研方式，情况则会大为改善。从本质上说，学科组教研是指"凡是对教育领域的各种问题、规律、技术、策略及教学全过程的调查、观察、实验、系统思辨、比较分析，以及其他与教育直接相关的所有内容"①。基于此，小课题研究与学科教研两点相融成为革新的可能。主要表现在：①主体一致。小课题研究的主体是学科教师，创新教研的主体也是学科教师，创新教研的过程中，各学科教师成为探究的主体。因此，创新教研观念革新的首要任务是要求教师转变"自己仅为执行者"的被动观念。教师应该善于、敏于捕捉教学过程中存在的问题，制定科学合理的研究框架，并开展相应的行动研究。②过程同伴互导相同。产生于 20 世纪 80 年代的美国的同伴互导（peer coaching）现已成为各国广泛采用的教师专业发展途径。教师同伴互导是指教师同伴结成伙伴关系，学习并彼此分享新的知识，改进教学，并促进自身的专业发展。斯腾豪斯（Lawrence Stenhouse）指出，私下的研究在我们看来简直称不上研究。

近几年，旨在促进教师同伴互导的校本研修备受关注，我国学校也加大了学科教研组的建设力度（主要从组织形式和管理机制方面），但教师

---

① 聂劲松、邹飞雁：《中国百年教研制度审视》，湖南师范大学出版社 2009 年版。

间的交流往往仅限于听评课活动、教研组会议、师徒结对等"官方"联结，教师主体性还远远没有发挥出来，学科教研组的专业性、学术性还没有得到充分的体现。小课题研究的兴起为教师为主体的同伴互导提供了新的载体，为学科教研组建设提供了新的"抓手"。小课题研究选题，往往是教师工作中难以化解的难题和"关键问题"，这些在真实的教育教学情境中生成的系列"关键问题"，让学科教研组教师有了共同的关注点，科组教师们在相互研讨、交流、反思的过程中，共同致力于解决这些问题，产生强烈的学习意愿（共同学习理论、共同听评课、共同学习交流研讨等），并在"教学问题—教学设计—教学行动—教学反思……的过程中改进自己的教学工作"。在这个过程中，科组教师们工作、学习、研究融为一体的特征非常明显。科组教师围绕某一个或几个"关键问题"的实践、总结反思、探究、改进的生活经历会形成特定的"科组文化"，这种"科组文化"会直接影响到教师对教学、学生、师生关系等的理解，可以逐步构建新的教师间关系，形成教师学习共同体。

案例2　捕捉小问题，形成小课题[①]

如皋市磨头小学二年级语文老师成小燕正在教课文《蘑菇该奖给谁》，当她用小黑板出示"我今天参加跑步比赛，得了第一名！"这句话让学生朗读时，孩子们纷纷说老师写错了。果然，课文中的原话是"今天我参加跑步比赛，得了第一名！"，成老师把"今天"与"我"的位置写颠倒了。但她灵机一动，问："小朋友们，这句话意思不变有哪几种说法呢？"孩子们得出以下四种答案："我今天参加跑步比赛，得了第一名！""今天我参加跑步比赛，得了第一名！""今天参加跑步比赛，我得了第一名！""今天参加跑步比赛，得第一名的是我！"改变了"我"在句子中的位置，句子的意思却没有变，让低年级的小朋友感受到祖国语言文字的生动有趣。

---

① 本文原题目是《微型小课题研究的四种策略》，见 http://www.wxktyj.cn，此处部分摘选并略有编辑。

第二章 优势：小课题"好"在哪里

老师的"笔误"却错出了"精彩"，让成老师眼前一亮，心头一喜，于是，小课题《小学语文课堂教学中错误资源的巧妙利用研究》便诞生了。

像成老师这样在教学实践中"发现"小课题的事例还有很多：学校年龄最大的老教师沈祖文根据考试中学生的无谓失分现象，确定的小课题是《小学中年级学生数学测试中"过失"失分的原因及对策研究》；毕业班的程伟老师结合自身教学中，学生合作学习的无效参与现象，确定的小课题是《大班额下合作学习的有效参与策略研究》；刚参加工作的马小敏老师面对一些学生不爱举手发言这一司空见惯的现象，确定的小课题是《小学英语课上不举手发言学生的心理探究及对策研究》……在"发现就是成功"观念的引导下，我们的广大教师睁大双眼以敏锐的目光在教育教学的细节中搜索问题，发现问题，提炼小课题。

学校骨干教师徐远贵老师发现，孩子们下课总爱玩各种各样的游戏卡，能不能把游戏卡引入数学教学中呢？于是小课题《小学数学教学中游戏卡的开发和利用研究》就诞生了，他以当时所教的"数的整除"一章为内容，进行了大胆的尝试，经过反复的试验，研制出一种"数学游戏卡"。这种游戏卡共12张，由12个数字组成，并规定了五种玩法，可以让学生在玩中学习"素数""合数""互质数""公倍数""公因数""最小公倍数""最大公约数"。实践证明，学生的学习效果很好。于是，徐老师和他的备课组老师一起将小学各册的重难点罗列出来，逐一尝试，研究出了类似于扑克牌的二十多副小学数学游戏卡。现在，有三种游戏卡片已经在全校推广，既激发了学习兴趣，又提高了教学效率，受到了师生的普遍欢迎。目前，徐老师还积极准备申请游戏卡专利。之所以能取得这样的研究成果，他的研究感受就是："大胆尝试，就会成功。"

作为一线教师，在长期的看似简单、重复，其实纷繁复杂的教育教学工作中，其实有很多"问题"和"想法"，我们把这些以前仅停留在嘴边、头脑里的"想法、问题"作为一项小课题来研究的时候，最好的方法就是去"试一试"，在尝试中改进工作，在实践中检验"真理"。徐老师《小学数学教学中游戏卡的开发和利用研究》显著成果的取得更让大家明白：小课题的价值在于做。现在，"做一做，试一试"不仅成了我们不少

15

老师的"口头禅",而且成了大家开展研究的重要方法。老师们在尝试中探索教育规律,在尝试中探求教育本质。当然,尝试中会有失败,但失败是成功的阶梯;尝试中会有风雨,但风雨过后便见彩虹。

磨头小学自小课题研究活动开展以来,老师们积极申报小课题30多项,其中,如皋市级立项小课题10个,镇级小课题20多个。在这个学校,几乎每天都有小课题研究课,除了小课题组成员,其他老师也积极参加并书面评课。无论是执教老师还是听课老师都能在活动中受益。每周星期四下午四点半,都会举行小课题研究沙龙,围绕一个专题,大家各抒己见,畅所欲言,在交流中互相启发,在思辨中碰撞智慧。每个月都组织一次小课题组互评活动,小课题组与小课题组之间互相做阶段研究报告并向对方提出自己的意见和建议。大家在互评中互帮互学,共同进步。教师间的合作打破了时空限制。老师们在学校网站上开辟了"小草论坛",专门用于小课题的研究、讨论。成功的经验,在这里分享;失败的教训,在这里总结;遇到的困惑,在这里商量……

的确,"小课题"让三五个关系融洽、志同道合的老师走到一起,组成一个个研究"共同体"(即小课题小组),小课题组成员之间,小课题组与小课题组之间,相互配合,相互鼓励,相互研讨,相互借鉴,在合作中分享愉悦,在合作中共同提高,在合作中走向成功。在老师们不断的尝试中,"小课题研究"变得"饱满"起来,每一项小课题都有大量的一手资料,有观察记录,有数据分析,有活动记载,有反思总结……可以真实地还原研究的轨迹,清晰地看到研究的历程。据统计,近两年,该校教师在市级以上刊物发表文章74篇,达到人均一篇;获县级以上奖励的论文149篇,达到人均两篇。像这样一所乡村中心小学,能取得这样的成绩,完全得益于小课题研究工作的深入开展。相信,只要大家一如既往,继续行动,就会取得更大的成功!

点评:

如皋市磨头小学的老师们在看似普通平常的教学实践中,有很多"想法",当把这些"想法"尝试付诸实践时,在解决问题的过程中,就形成了有价值的小课题。小课题研究为老师们提供了一个合作的平台和机会，这种自觉的研究意识，形成了学校的良好氛围，让教师从"单兵作战"走向"合作互赢"的局面，在同伴互助中创设新型学科组，提升教师专业水平，老师们在行动中成长，在行动中收获。

三、支撑学校内涵式发展的主课题

校长挂帅的"主课题"，其研究特点主要体现在：①校本性。主课题的产生、规划、目标指向大多是基于学校、为了学校、发展学校。②团体性。课题的组织和管理由学校负责，研究人员主体是学校教师群体，通过全体教师的参与来达成研究目标。③宽泛性。研究的课题具有一定的概括性和普适性，研究的周期通常在2～5年不等。

不管是小课题研究还是学校的"主课题"，它们的实施最终都是聚焦到教师身上，落实在广大教师的日常教育教学活动之中。因此，打通二者的界限，实现有机融合，促进二者之间的和谐互动，具有特别的意义。

（1）**小课题研究有利于将主课题研究落实到位**。一般说来，学校的主课题，无论是管理类还是学科类，都应带有一定的综合性，涉及面都不是很窄，特别是省、市级规划课题更是如此。正因为其研究面广，所以在方案制订、具体实施过程中，较难操作的就是将研究内容合理进行分解、细化，并有效落实在教师的教科研实际之中。而小课题的根本特点，就是于"小"处着眼，以"微观"彰显特色。由某"点"或者某个"细节"入手，层层深入，不断探究，寻求解决问题的最佳途径，从而达到研究的深度和实效，揭示问题的本质和内涵。因此，将主课题的研究内容细化成若干子课题，再将子课题分解成若干小课题，引导全体教师从小课题入手，自下而上，汇溪成河，能切实将学校主课题研究落实到位。

（2）**主课题研究有利于将小课题研究推向深入**。小课题研究虽然蕴含于教师的教育教学研究时间已久，但是真正看到它的价值，系统开展研究，大范围推广实施，历时尚短。目前，小课题的"属己性""即时性"普遍得到认可，尤其是小课题倡导的"本土化、草根化、个性化"的研究理念，已经成为它具有生命力的注脚。但是，作为一种新型的或者说是回归本原的教学研究方式，无论在理论上还是在实践上，都需要深入研究和探讨。而这种深入研讨，仅仅依靠教师个体零散、随机、自由式的展开是很难做好的。如果能够集中力量，围绕某一个主题（专题、课题）展开小课题研究，那么，在研究方式、研究成果方面可能会更容易产生好的效果，也更容易凸显开展小课题研究所应遵循的规律、原则、方法等。

总的来说，小课题研究与学校主课题实验的协同发展，一方面要发挥主课题在理论引导、集体调控、全员参与、整体互动方面的优势，另一方面又要充分体现出小课题贴近底层、短小快捷、自由开放的操作优势，二者互动互补，和谐交融，充分激活教师参与教科研活动的主体性、开放性和创造性，从根本上打造出学习共同体，实现小课题研究和学校主课题实验的双丰收。

案例3　从"教育交往"到"交往教育"的研究[①]
——江苏海安县实验小学小课题研究与学校主课题实验的协同发展

我校的主课题研究是从1990年开始的，在20多年的实践中，我们持久地关注并探究"人际交往"这一教育学的前沿问题，不断提升研究理念，改进研究方式，拓展研究内容，进而形成了从"教育交往"到"交往课程"，再到"交往教育"这样一个不断拓展和深入的探索过程。

"十五"期间，学校在"共生"理念的指引下，致力于改善管理场景，优化教学行为，调适教育关系，使"对话""理解""融合"思想融入师生甚至家长的日常生活中，创生出高品位的教育文化。（引自叶澜教授、杨小微教授等专家组2008年10月28日对我校"十五"主课题"为了'共生理想'的交往教育"的结题鉴定意见），学校主课题"为了'共生理想'的交往教育"正式结题，承前启后的"十一五"主课题"走向

---

① 本文作者是许卫兵。原文题目是《小课题研究与学校主课题实验的协同发展——以江苏海安县实验小学为例》，选自《江苏教育研究》2009年第4期，略有编辑。

共生的小学教育生态优化研究"初步成型,但如何让老师们继续保持一种开放、自主、生动、有效的科研状态?如何巩固和推进学校"交往教育"实验成果,深化研究?如何鼓励老师们通过连续性的、自主式的研究来为主课题的后续研究蓄势、聚能、发力呢?在多种思路的辨析和比较中,我们选择了小课题研究。

1. 启动

起初,小课题研究在海安刚刚破土发芽,一直习惯于在学校宏观规划下开展课题研究的我校教师对它还很陌生。为此,我们先在校园网上向大家推介了部分优秀小课题研究故事,并结合这些故事对老师们进行了一次小课题专题讲座。在初步搞清楚小课题的特征后,我们引导大家调整思维方式,紧紧围绕"共生""交往""体验"等交往教育核心理念和自身的教育管理、教学实际来自主确定研究的小课题。当初轮课题出来后,我们又进行了点评和指导,对部分"大""空""旧"的课题重新进行调整,使大部分老师从课题的选择上就步入小课题的研究轨道。

2. 运行

在一学年两轮的小课题研究过程中,老师们围绕"交往教育"这一核心,共研究了300多项课题。在研究主题上,我们倡导从大家熟悉的"交往课程的实施""课堂交往的优化""管理场景的改善"三个方面选择;在研究方式上,我们采用"三人小组—双人合作—个人独立"先合后分的方法;在价值导向上,我们突出"我的地盘我做主"的自主意识和"小中见大"的思辨能力;在成果表达上,则注重灵活多样,"叙事体"尤为大家钟爱,每学期结束还举行一次全校性的小课题研究成果推介会;在组织管理上,我们以年级部为单位进行整体性的考核评估。在研究中,老师们逐步领悟到了小课题研究的内涵,也产生了一批高质量的小课题研究成果。《"举手"的潜课程研究》等多篇研究成果在《人民教育》《上海教育科研》等中文核心期刊发表。2009年年初,我校的第三轮小课题研究开始,全校187位专任教师人人都自主申报并立项了新的小课题,小课题之花越开越艳。

3. 收获

从小课题研究与学校主课题实验的协同发展这一角度来梳理一年来的实践和探索,收获良多。

(1)小课题研究丰富和拓展了主课题交往教育实验的内容体系,为教育生态优化提供了很多新视角。在开展小课题研究的过程中,我们普遍感到老师们对教育教学现状中的交往问题的感受力特别强,他们着眼于一个"小"字,突出一个"真"字,挖掘了很多鲜活的交往教育话题。比如,在班级管理方面,《学生"打小报告"现象分析与思考》《队干月选——让竞争与和谐同行》《我哄学生的小把戏——班级激励机制活动小记》《让孩子尽快喜欢上一年级的生活》《高年级学生说"他和她好"的应对与干预》《让学生座位编排更有效》《学生"追星"现象浅析》《"博客"在班级管理中的运用》《围绕几个"二小"(第二胎子女)的研究》等都有很强的班级现实感。在师生交往方面,《举手,其实并不那么简单》《"勤"与"情"——沟通师生情感的好方式:作业面批》《"QQ"、微信在我与学生之间》《如何面对课堂上学生说"悄悄话"》等都从师生交往的正面入手,搭建师生心灵对话的新平台。在家校沟通方面,通过书信交流的《信,让我们从这里沟通》和通过网络短信互动平台交流的《手机响起的时候》都充满了时代气息。这些课题的提出和解决都直面教育交往的现实,且大都是在过去的交往教育研究中没有触及的,对这些问题的研究本身就是优化学校教育生态的有力支撑。

(2)小课题研究发展和提升了主课题交往教育实验的研究成果,为教育生态优化创生出很多好案例。研究出成果,研究出智慧,研究出效益。小课题虽然"微小",有很强的个体性,但小课题研究的深层内涵应该努力以某一教育事例或细节为"引子",而后由"点"及"面"或由"个"及"类",揭示或探寻到更具广泛意义的教育现象和规律。我校陈克东老师坚持用"故事"来和学生沟通、对话、交流,带领班上学生"读故事、讲故事、写故事、出故事集",他的小课题研究故事《那时花开,美丽的故事讲出来》《一路上有你——"读故事、讲故事、写故事"系列研究之二》在学校讲述后,老师们深感震撼并受感染,于是此项研究很快在学校推广开来。崔春梅老师的《一个寄宿生身体早熟后的遭遇》，从对一个寄宿生身体早熟后受到嘲笑直至无奈地选择转学的研究中，暴露出了学校在寄宿生管理和性教育方面的缺失，提出了开发小学生理卫生课程的现实课题。

（3）主课题理念统领下进行的小课题研究更为集中地展现出了小课题的特征品质和价值追求。交往教育是我校教育科研的品牌。过去的几年中，我校老师都不同程度地参与到总课题（或子课题或小课题）的研究中，对课题理念和大课题的规划与研究思路颇为熟悉。而在共同理念统领下同样是围绕交往教育这一主题来开展小课题研究的过程中，我们很好地利用这种基础，不时地将小课题和原先参与的熟悉的课题研究在特点、选题、目标等方面进行对比，在对比中，老师们对小课题的基本特征和研究意义有了更深入的理解和把握，研究实效性也有了很大的提高。

（4）主课题实验过程中积累的操作经验对提炼小课题的研究思路和实施方法具有很强的指导意义。小课题研究虽然有很大的随机性、随意性，但也有章可循。这种章法既有自身的特色也根植于传统。研究中我们发现，老师们在参与原有主课题实验中普遍采用的案例研究、调查访谈、对比反思等方法也大量运用于小课题研究中，而且他们更偏重于对现象和事理的质性描述，以故事的形式来表达研究的历程和思索。小中见大，见微知著，不但成为他们的行动方式，更成为他们的研究思维。总的说来，在小课题研究与主课题实验的双向互动、协调发展的过程中，我们明显感觉到老师们对教育科研的理解有了新的飞跃，研究的热情被充分激活，独立作战的科研水平得到很大的提升，他们的职业自觉和行为方式正在悄然发生变化。有老师在自己的研究故事中写道，做小课题，可以让我们的教育生活多一些波澜，消除日复一日的教学生活带来的疲乏和厌倦之感；做小课题，可以让我们的教育思考增几分色彩，在实践中思考，在思考中实践，教学生活将会因为我们的不断思考而走向深入，走向开阔；做小课题，可以让我们的教育智慧添些许活性，用智慧的研究带领孩子们智慧地成长，这是教育的大境界。一位老师在参加完学校的小课题报告会后，发给我一封邮件，字里行间，我再次感受到了小课题这种贴近教师自身教学

实际的教育科研方式的神奇魅力。原文如下:

在一个安静且精致的午后,报告厅的灯光如水般淡淡洒在各位老师的脸上,显示出一种宁静的温暖。小课题研究就在这时进入了我的视线,直击我的心灵。教育中的花开花落不是可以预见与控制的。但留住花开的美好瞬间,除了影像,还有文字。曾经的我从没有像今天这样专心致志地聆听报告。许校长您告诉我们您在听陈老师做报告时流泪了,今天的我,听报告时也流泪了,一开始只是眼角湿润,后来泪水就慢慢流下来,一滴、两滴……曾经的我从没有在会议中和会议后如此思绪万千。我是去年调进实验小学的,但真正和它亲密接触只有本学期。这里的生活工作不断给我带来惊喜,这里的教育科研不断给我们教师的生命以新的注解。陈老师的学生说从其他学校转学到了实小是无悔的选择。我也是。

面对如此的感动,我们有理由相信,将小课题研究和学校主课题实验有机地结合起来,一定能开辟出学校教育科研的崭新天地,给教师的职业生活注入新的活力。

点评:

江苏海安县实验小学围绕学校主课题实验核心内容,合理分解细化,教师根据自身特点和教学实际,自主确定研究的小课题。教师自下而上确立的一个个小课题,为学校主课题实验提供了丰富的实践案例;教师间相同或相近研究内容的小课题,组成的小课题研究组,其实质就是学校主课题实验核心内容和要解决的关键问题。可以说,"大""小"课题研究,各自发挥优势,和谐交融,互动互补,协同发展。

第三章 选题：从小问题到小课题

一、问题从哪里来

爱因斯坦说："提出一个问题往往比解决一个问题更重要，因为解决一个问题也许仅仅是一个数学上或实验上的技能而已。而提出新的问题、新的可能性，从新的角度去看旧的问题，都需要创造性的想象力，而且标志着科学的真正进步。"这个见解是深刻的，它告诉我们真正的科学研究始于问题。

1. 发现问题的思维策略

在教育教学实践中，小课题研究如没有与教师日常生活紧密结合在一起的问题，教师就不会有研究的冲动，而没有研究的冲动，也常常难以产生持续性的研究行动。叶澜教授在《教育研究及其方法》一书中介绍了数种发现问题的思维策略，现综合简述如下①：

（1）**怀疑的策略**。怀疑是对已有结论、常规、习惯行为方式等的合理性做否定的或部分否定的判断。怀疑必然引起人对事物的重新审度，会在原先没有问题的地方发现问题。

怀疑不是胡乱猜疑，而是有依据的。作为怀疑的依据有两个方面，一是事实与经验，二是逻辑。

通过怀疑提出的问题，经过研究后，有两种可能的结果：一种结果是部分或完全证实了研究者的怀疑，自然，这是令人兴奋和满意的结果；另一种与此相反，研究的结果证明研究者怀疑错了，这是令人扫兴和遗憾的结果。但是，研究者大可不必为此而沮丧，甚至从此丧失怀疑的勇气。

---

① 叶澜：《教育研究及其方法》，中国科学技术出版社1990年版。

通过怀疑发现问题的人，一般都具有批判性思维的品质。正如爱因斯坦所描述的那样，他们对陈旧过时的观念往往有一种不可遏制的挑战冲动，而且具有一种内心的精神上的自由。

（2）**变换思考角度的策略**。与怀疑不同，变换思考角度不是把思维的利剑指向原有的结论，而是从与得出原有结论的不同角度或不同层次上来认识原有的研究对象，以形成新认识。它需要摆脱原有的思维定式和已有知识的影响，另辟蹊径。

思考角度的转换是多类型的。第一种是在同一层次上的转换，从思考问题的一个方面转向另一个方面。如历来抓学校工作都把教学放在第一位，在教学中又把几门主要学科的教学放在第一位，音乐、体育、美术等所谓副科一向不被重视。第二种是在两个不同的层次上进行的。有的是从较抽象转化到较具体，如研究教学中传授知识与培养能力的问题，相当长的一段时间里停留在一般性目标问题的讨论上，美国教育家本杰明·布鲁姆（Benjamin Bloom）把这个问题的研究推进到对知识与能力做出分类的具体水平上，并对教学过程中的情感目标和操作性目标也做出分类，提出教学目标分类学的理论。也有的是从较具体的层次入手。如苏联教育家巴班斯基（Ю. К. Бабáнский）对教学过程最优化的研究就是一例，他努力用系统优化的理论做指导，寻找教学过程各因素、各阶段、各方面的最佳组合。第三种是把研究的重点放在事物与事物之间、同一事物不同发展阶段之间的结合部。这往往是人们容易忽视，但又可能开发出新课题的地方。如幼儿园与小学、小学与中学、中学与大学各阶段的教育如何衔接等问题，就属于这一类型。第四种是通过比较。这种比较可以是纵向的历史比较，如近代中国课程与现代中国课程的比较；也可以是横向的区域比较，如城市中等教育结构与农村中等教育结构的比较等。善于通过转变思考角度发现新问题的人，往往表现出具有灵活性和严密性等思维品质。

（3）**类比与移植的策略**。它是通过与其他学科研究对象类比和借用其他学科的思维方式，来发现本学科研究的新问题。这种思维策略的特点是从别的学科研究中获得启发，找到发现的"工具"。

捷克教育家夸美纽斯（J. A. Comenius）在17世纪完成的名著《大教

学论》，就是在把教育现象与自然现象做类比的基础上，根据自然规律提出的一系列教学原则。夸美纽斯的依据为：人是自然的一部分，人的成长遵循自然规律，教育是模仿自然的艺术，故教育应遵循自然规律。又如，在小课题研究中，通过观摩学习"小学语文阅读课堂教学策略研究"成果，同作为语言学科，类比到"小学英语阅读课堂教学策略研究"。以上种种说明，由于教育现象的复杂性和综合性，通过移植其他学科的思维方法和与其他学科研究对象做类比而提出问题的可能性是存在的。

善于用这种策略来发现问题的人，在思维品质上，往往表现为较强的迁移性和概括性。他们较善于发现表面看来不甚相近的事物间的相似之处，能在较抽象的层次上对它们进行概括、比较，从而为思维的由此及彼架起桥梁。此外，这样的人一般知识面较宽。

（4）**探究与体察的策略**。前面说到的三种策略都与对事物的已有认识有关。探究与体察的思维策略则要求面向实际，从对现象的思考中提出新问题。

南京师范大学附小的教师曾设计了一种新型的实验课——听读欣赏课。这种课的设计除吸取国外的暗示教学理论外，还从附小教师在实践中遇到的两件事情中受到启迪。一件是一位教师的侄女学语文的事。女孩还在幼儿园读大班的时候，父亲便经常在灯下给她讲《365夜》中的故事。孩子听得入迷，好多故事都能背下来，有时听完之后，还禁不住要翻开书看。父亲见女儿很想看书，就试着让她看着书上的文字听他读。不久，他发现女儿无意中识了不少字，就尝试着让女儿跟着自己读；有时遇到容易的地方，让她独自读。这样，不到一年的时间，女儿居然能独立阅读《365夜》上的故事了。另一件是他们在家访时，了解到家长经常播放配乐故事给孩子听，孩子听得津津有味。附小的教师从这两件寻常小事中受到启发，他们想：把听录音跟读文字材料结合起来，配上音乐，让"听"的能力迁移，更有效地提高"读"的能力和识字能力，同时又让"读"巩固并提高"听"的效果，不就可以全面提高学生听、说、读、写的能力了吗？

生活在一个丰富多变的现象世界中，只要善于多问几个为什么，就会发现许多值得研究的小而新课题。对于一些司空见惯的现象，我们的探究指向其背后的实质，像瓦特提出壶盖为什么会动，牛顿提出苹果为什么会落地等问题那样，我们也可以提出学生为什么要做作业，教师为什么要打分数等问题，通过探究弄明白教与学的一些内在机制。通过探究与体察，发现新问题的策略，要求研究者具有敏锐、深刻的思维品质。只有敏锐，才能及时捕捉到有价值的现象；只有深刻，才能发现深藏在现象背后的本质。

2. 小课题研究问题的来源

结合叶澜教授介绍的发现问题思维策略，我们选取了近900份成功结题的小课题，从"小课题研究申报表——问题的提出"部分进行再审读和成品分析，再结合中小学教师的教育研究实际情况，综合归纳得出小课题研究问题的来源主要有以下几个方面：

（1）**从教师自身教育教学的困境中寻找问题**。在课程与教学的实施过程中，教师会时常遇到各种各样的困惑。如学生在课堂中的反应和教师预计的相去甚远；教师和学生对某一观点的看法截然不同以及教师在课堂中的一些新的尝试受到学生的抵制等。这些困惑几乎是教师们的家常便饭。但是，却没有一个现成的良方来医治这些病症。因此，教师可将这些教育教学实践中无法迅速有效解决而又绕不开的问题作为研究对象，设法让自己解除这些困惑。

（2）**从教师课堂教学的重点、难点中寻找问题**。学起于思，思源于疑，学习过程就是一个不断设疑释疑的过程。突出重点，能举一反三，触类旁通，便于知识的广泛迁移。突破难点，其实质就是帮助学生解决认知矛盾，其主要表现行为是解除学生的困惑和疑惑。教学难点的确定应该从教师的教和学生的学两个方面去界定。"学"的难点主要是指学生不易理解的知识，或不易掌握的技能技巧，是学生认知矛盾的焦点，它犹如学生学习途中的绊脚石，阻碍着学生的进一步发展。难点因学生而异，与学生的基础知识、生活经验、兴趣爱好、智力水平等因素息息相关。难点因教师而异，与教师的知识结构、能力专长、经验阅历等因素密切联系，不同的教师对同一教学内容"教"的难点认定可能不同。因此，在一般情况下，使大多数学生感到困难的内容，教师要着力想出各种有效办法加以突破，否则不但这部分内容学生听不懂学不会，还对后续学习造成困难。中小学教师做小课题研究，重点要解决的就是教学过程中的实际问题，这些实际问题，常常是教师课堂教学的重点或难点。

（3）**从具体的教育教学场景中捕捉问题**。中小学教师与专业研究者一个根本的区别，就在于中小学教师一直在教育教学实际的现场感受教育事实、生发教育理念、提升教育智慧。而教育现场是教育问题的原发地，是问题产生的真实土壤，进入教育现场的教师对教育现场所做的任何真切而深入的分析，都有可能滋生大量的待研究的问题。可以说，真实的教育实践场景既是研究进行的主要依托，又是发现问题的重要所在。教育场景蕴含了大量的，甚至是无穷尽的待研究的问题。

（4）**在与其他教师的交流中发现问题**。教师之间，特别是两个平行班同学科的教师之间以及同班不同学科教师之间有关教育教学问题、经验的交流，也是小课题的来源之一。通过与其他教师交流，一些教师自身没有意识到的问题可能会在交流中被激发出来，成为小课题研究的对象。另外，通过交流可以了解其他教师的教育教学情况，将其和自身的教育教学情况作比较，也会涌现一些问题。如通过和某教师的交流发现，同一个班的学生，自己布置的作业和别的学科老师布置的作业，为什么学生对待作业的态度完全不同？交流过程中，有心的教师就会反思自我教学中的作业设计与实施问题。

（5）**从阅读中发现问题**。我们讲教师从事的教育研究从根本上属于行动研究，研究过程中，了解一定数量的研究成果，研读、学习相关的理论论著，占有一定的理论资料是很必要的。教师在阅读这些研究成果时，要时时注意结合自己的工作实际进行有针对性的思考，注意把理论的论述转化为自己工作中相关问题的解读与说明，并注意将自身已有的经验与阅读材料中的分析相联系。问题有时也就是在这样的转化、联系、解读中逐渐呈现并变得清晰起来。

（6）**从学校确立的"关键问题"分解**。教师个人的发展是与学校的发展密切相关的，个人的专业提升与学校的整体变革也常常是结为一体的。学校通过全面调查、科学论证，确立了"关键问题"，也常常将其作为一个专题组织全校教师开展研究。这些"关键问题",要么是影响学校发展的核心问题,要么是凸显学校特色、形成学校品牌急需解决的问题。作为学校的一员,在学校"关键问题"的指引下,结合自身实践情况,从某个角度或某个侧面确立自己研究的"小问题"。

提出研究问题的渠道和途径还有很多,上面介绍的仅仅是教师在日常工作中操作较为便利和常见的六种方式。在这里还需要注意的是,当教师处于没有问题的状态时,首要任务是通过上述途径挖掘问题,并有意识地建立起自己的"问题库"。当教师发现了问题并处于问题包围之中时,主要任务就是通过对自身条件等多方面的分析选择可研究的问题,并进一步确立当前要研究的小课题。

3. 小课题研究问题的选择原则

虽然中小学教师面临诸多急需解决的实际问题,但即使在提出问题以后,教师本人仍然要进一步明确:在自身的实际工作经验中,有哪些问题值得花一段时间来进行探索?自身的能力是否可以完成对这个问题的研究?研究过程中是否有足够的可供利用的资源?换句话说,究竟该选哪一个问题作为小课题进行研究?

中小学教师筛选当前要研究的小课题的标准可概括为六个字:想做、可做、能做。

所谓"想做",就是指从当前的"问题库"中选择当前自己最想解决同时也是最需要解决的问题,作为小课题进行研究。教师最想解决、最需要解决的问题是什么,他自己更清楚。每个教师所处的环境及其自身的条件不同,因此,各人的需求不一样,这就要求教师要根据自己的需求慎重选择。"可做",是针对教师自身的条件而言,指进行小课题研究,必须将教师的经验、素养、时间、精力等因素考虑在内。这些因素往往决定着教师能不能进行研究或能不能将研究进行到底。因此,必须从实际出发,在充分了解自己的基础上,做自己力所能及的事。"能做",是针对小课题本身而言,指选择的小课题是个小而明确的教育教学中的具体问题,有具体、明确的切入点,在实践中操作起来相对容易。选题太大、笼统模糊往往只能在表面上兜圈子,解决不了实际问题。

二、将"小问题"转化为"小课题"[①]

通过各种途径,发现的问题可能只是值得研究的问题,这个问题是否适合自己?是不是目前最关键的问题?是否可以完成?这些问题仍然要结合"想做、可做、能做"三原则进一步确证,进一步聚焦,缩小问题范围,将广泛的问题明确化,一般的问题特征化。在此基础上,界定与问题相关的概念,通过恰当的方式表述,将"小问题"转化为"小课题"。

"您学科教学中最大的问题是什么?"91.2%教师并不能精准地描述,如何将"小问题"转换为"小课题",是向教师提出的首要难题,是小课题问题解决方案的"关键事件"。按照以下实践技术路线(见图3-1),进行实践改进。

图3-1 从"小问题"到"小课题"实践技术路线

---

① 费伦猛:《立足"小问题"形成"小课题"》,载《课程教学研究》2013年第4期,第86-88页。

学科教学中,从"小问题"到"小课题"实践技术路线是一个多轮循环提升过程,现对其"四要素"具体说明如下:

1. 聚焦研究问题

从理念层面来说,学科教学中,总会有层出不穷的问题,往小处说可能涉及一个具体行为的变化,往大处说可能涉及一种教育理念的转变。对于一线老师来说,聚焦问题指聚集焦点,解决具体问题。从操作技术层面来说,聚焦问题指的是"通过对研究问题进行某种界定,给予明确的陈述,以达到将最初头脑中比较含糊的想法,变成清晰明确的问题"[1],换言之,聚焦问题可采用的策略是对问题进行"限定",缩小问题范围,将问题明确化。

缩小问题范围、明确研究问题可从以下方面进行条件"限定":

(1)地域限定。如农村、城郊、市郊接合部,发展中、发达、山区,具体的行政区域等。

(2)学校、研究者的特色或特殊性。如中英文特色学校等。

(3)学段的设置。如学前、小学、初中、高中等,可以具体到某年级。

(4)学科的差异性。将研究对象限定到自己熟悉的学科领域。

(5)研究环境、情境的设定。如网络环境下、基于城市化进程中、新课程背景下等。

(6)研究对象的分层、分类。如学生(不同群体);教师(青年教师、骨干教师等);教学要素(备课、学案、教学反思、课堂教学、作业、辅导、测试、讲评等)。必要时需进一步进行细化,如课堂教学可细化为教学方法、教学范式、教学技能等;作业可细化为预习、复习、口头、书面、实验、作文等。

(7)研究角度的细化。如手段、方式、模式、机制、体制等。

(8)研究方法的精确匹配。如"关于……案例研究""关于……调查研究"等。

---

[1] 风笑天:《社会学研究方法》,中国人民大学出版社2005年版。

如果说课题源于问题，问题则源于教学困惑与烦恼，而小课题则要求我们研究教学当中的小问题，无须太长时间，无须太深的理论功底，我们可以按照以上的方法，对问题进行"限定"。如表3-1所示。

表3-1

教学困惑与烦恼	问题	课题	小课题
三年级学生上课太吵了	怎么办呢？怎样才能使学生上课不那么吵呢？怎么做才能使课堂"有序"？	小学课堂调控策略研究	"游戏教学"调控小学三年级语文课堂的实践研究
初一学生英语基础相差太大了，真是太难教了	怎么办呢？怎样让优秀生"吃得饱"、待优生"吃得了"？	初一英语分层教学研究	初一英语书面表达分层训练的行动研究
			小组合作提高初一学生英语听说能力的研究
哎，领导老讲我们高三数学复习效率不高	怎么办呢？怎样才能提高高三数学复习效率？	高三数学备课策略研究	高三数学第二轮复习试卷讲评课研究
		高三数学有效教学研究	高三数学复习型导学案的实效性研究

2. 搭建基本框架

课题一定有问题，但问题未必都是课题。课题一定要体现两个以上的变量之间的关系。比如，今天有多少位教师没有参加市教研活动？——此乃问题，但非课题。今天为什么有15位教师没有参加市教研活动？——此问题就可以上升为课题，就可以研究。教研活动出勤率低，寻找的变量可能有：是市教研活动通知没有到位？还是教研活动时间安排不够合理？是教研活动制度不够健全？还是教研活动内容不受欢迎？是教研员水平太低？还是教师学习意识淡薄？或者还有什么特殊原因？这些问题都值得进行深入分析与研究。

问题初步聚焦后，首先判断聚焦的问题产生的原因是什么？有哪些"改进"的方法？……选取其中最关键的一条，形成至少有两个以上的变量之间的关系,并对"变量"之间的关系进行表述,在此基础上提出研究假设。中小学教师以行动研究为主,我们大多数课题可以将问题描述为"……对……的行动(案例)研究"类似的话语方式。前一个省略号的关键要求是"可操作性",它代表某种(某个)具体的"可操作"的教育变革行为、措施。后一个省略号的关键要求是"可测量性"。它代表某种教育变革所引起的教育效果,而且这种效果最好是可测量或者可言说、可观察的。例如:"班主任的性格对学生的影响的行动研究",虽然这个标题在大众语法上没有错误,但它在研究的课题的表述语法上却有错误。因为填充第一个省略号的"班主任的性格"不是一个具体的"变革行为"。尽管人们都承认"班主任的性格"会对学生产生影响,但研究有研究的规范和套路,"班主任的性格"无法成为行动研究的"影响因子"。而且,填充第二个省略号的"学生"也不是一个可测量的因素。它需要进一步转换:要么是学生的某个学科的学习兴趣,要么是学生的学习成绩。可测量的不是"学生",而是学生的学习兴趣或学习成绩。按照这个标准,可以将"班主任的性格对学生的影响的行动研究"做一个转换,比较合适的选题是"班级日志对学生行为规范的影响的行动研究"等。①

其次,在搭建基本框架过程中,需要从这种问题描述中提取核心概念,并对概念进行界定,避免概念泛化。例如:"语文尝试教学对初一学生学习兴趣的影响的行动研究",提取核心概念为"尝试教学""学习兴趣"和"行动研究",而且,"尝试教学"指的是什么?需要进一步界定。

当核心概念界定、概念之间关系建立、研究假设确立后,课题研究的基本框架也就基本搭建完成。

3. 设计研究方案

教师在搭建研究课题基本框架后,需要进一步开展有针对性的文献阅读和初步的调查分析,了解与课题相关的研究成果和实践情况,在充分占有相关的资料的基础上,设置研究方法,整理研究思路和技术路线,确立研究步骤,寻求制度、物质、人力资源等方面的帮助,初步形

---

① 刘良华:《教师怎样做行动研究?》,百度文库,https://wenku.baidu.com.

成研究方案。

值得注意的是,小课题研究并不否定研究方案,相反,小课题研究为教师科学地解决日常工作中的细小问题提供了平台,使教师能够用一种研究的姿态开展工作,使教师的工作更具有科学性,也让教师具体的工作能够上升到理性层面。因此,开展小课题研究,虽然不一定需申报课题并得到上级部门立项,但设计课题研究方案,填写课题研究申报表格,得到学校的认可,也是小课题研究的必要环节。

当然,小课题研究不同于规划课题,在方案设计上相比规划课题更为灵活,在方案设计上它一般包含四个方面的内容即可。第一,问题的提出,即对研究问题的情境性分析,对具体实践问题产生的背景进行阐述;第二,问题的界定,即对小课题研究的核心概念给出操作定义,明确研究目标和内容;第三,问题解决的设想,即阐述研究的目的、研究过程与方法;第四,问题解决的成效(成果和效果)预分析,即用"证据+数据"进行相关分析,说明问题解决的成果和效果。这四个要素主要用于解释小课题研究的是什么、为什么与怎么做三个课题研究的核心问题。

案例4　小学高年级学生数学草稿本有效应用的实践研究

小课题名称:小学高年级学生数学草稿本有效应用的实践研究			
任教学科	数学	电子邮箱	
主持人姓名		研究时间	2017年9月—2018年10月
问题描述			

今天数学练习课上,在学生做一张数学卷子时,我提出这一条要求:做数学概念题,必须在草稿本上列出算式;不能口算,要在草稿本上列竖式计算。大家都点头同意。实际上怎样呢?两三分钟后,我下去巡视,随手用红笔打了几个×,也不讲解,只说一句:"在练习本上写出算式给我看。"做对了的,不批阅,只是说一句:"算式呢?"

（续上表）

事实证明，明确的要求之后必须紧跟严格的监督检查。我才巡视完一个小队的做题情况，其余学生已经接收到老师严格检查的信息。后四个小队都挺自觉在草稿本上列算式计算。接下来的巡视批阅中，我们都发现大家做题的准确率非常高。有几道很难的填空题，以往几乎没有人能够做对，都眼巴巴地等待老师讲解。今天，类似的题目，只有几个同学做错。

原来，我们班学生平时做数学题错误百出，并不是他们没有思维能力，并不是他们不会思考，他们缺少的只是草稿本上的一个算式而已。事实胜于雄辩，前所未有的准确率给同学们以极大的鼓舞，愉悦的心情使他们的做题速度也快了很多。

看来，"草稿本"——学生身边的绝好朋友却并没有得到应有的重视，我们的老师和学生视"草"如草。如何改变现有的这种情况，使草稿本发挥其应有的价值，我想通过本小课题的研究，培养小学高年级学生合理、规范、有效使用"草稿本"的技能和习惯，促进学生的可持续发展。

【评析和说明】小课题研究方案中，该部分为问题描述，即描述自己教育教学活动中遇到的实际问题，分析问题产生的原因和与此相关的教情和学情。在描述时，一般都是采用白描的手法叙述此课题产生的过程，同时，在阐述问题时一定要观点简洁、言简意赅。

问题界定

一、核心概念诠释

（1）数学草稿本：指学生在数学学习中专门用于打草稿的本子。

（2）有效应用：指草稿本使用合理、规范，应用得有成效，提高学生的学习效率，促进学生良好学习习惯的形成。

二、研究目标

（1）促使全班学生有使用草稿本的意识，明确草稿本的功能。

（2）培养学生合理、规范、有效使用"草稿本"的技能和习惯，提升教学质量。

三、研究内容

（1）通过问卷调查和成品分析，了解学生使用草稿本的现状，寻找问题所在。

（2）通过文献研究，在浩如烟海的文献群中选取适用于本课题研究的资料，并对这些资料做出恰当分析，并加以使用。

（3）通过数学草稿本综合实践课例研究和课堂观察，设计使用草稿本激励机制，培养学生合理、规范、有效使用"草稿本"的技能和习惯。

【评析和说明】在小课题研究方案中，该部分为问题界定，即对问题涉及的关键词、核心概念进行诠释，提示课题研究方向和角度，在此基础上明确研究目标、研究内容。名称的表述要简练、准确，要使用科学概念和规范用语，不要使用具有文学色彩的修辞手法。

(续上表)

问题解决的设想
本课题的研究思路是以《数学课程标准》的基本理念为指针，积极开展实践研究，并及时总结反思，本课题研究分为以下三个阶段： 1. 前期准备阶段（2017年9月—2017年10月） 运用调查研究的方法，进行相关的问卷调查，对任教学生草稿本或草稿纸使用的原始情况进行细致的调查分析，为小课题研究提供充足的事实依据，明确研究的主攻方向。同时，运用文献研究搜集、整理国内外与课题相关的教育理论，为小课题研究提供科学的理论依据。 我在查阅资料中发现，《数学课程标准》在基本理念中明确指出："对数学学习的评价要关注学生学习的结果，更要关注他们学习的过程；要关注学生数学学习的水平，更要关注他们在数学活动中所表现出来的情感与态度，帮助学生认识自我，建立信心。"草稿的价值就在于体现学生掌握一些技能所经历的探索、猜想、推理等过程。 沈德立主编的《非智力因素的理论与实践》中对"培养小学生良好的学习习惯"进行了详细阐述，提出培养的方法、措施和建议。小学高年级学生数学草稿本有效应用的实质是培养良好的学习习惯和严谨的学习态度。 2. 实施研究阶段（2017年11月—2018年5月） 运用文献研究、案例研究、行动研究等方法，积极探索小学高年级学生数学草稿本有效应用的内涵、方法、途径及其操作策略的研究，以及评价研究。通过"认识草稿本—规范草稿本—应用草稿本"的三部曲，改变学生视"草"如草的现状，和学生共同拾"草"变金，挖"草"做宝。通过让学生填写"一周作业、草稿应用情况的对照记录表"，强化草稿本的规范应用。采取草稿本"每天自评、每周互评、每月展评、每期奖评"的跟进措施，调动学生的积极性，保证研究的成效。 3. 总结提炼阶段（2018年6月—2018年10月） 运用经验总结法，收集分析和归纳整理出小学高年级学生数学草稿本有效应用的成功做法和有益经验，撰写案例《数学草稿本，想说爱你不容易》，完成结题小报告的撰写，以及过程性材料的收集整理。 【评析和说明】小课题研究方案中，该部分为问题解决的设想，一般包括解决本问题的研究方法（诸如将课堂观察法、文献法、内容分析法、调查法、案例研究法等方法列举出来，而且结合研究内容进行简单的说明）、实施步骤与时间安排（即研究需要多长时间，计划分几步完成，每步大概需要多长时间，每一步做些什么等）以及研究措施（即在研究中准备采取哪些具体有效、切实可行的措施和做法等）。值得注意的是，研究过程中，要及时开展有针对性的文献阅读和初步的调查分析，了解与本小课题相关的研究成果和实践情况，有利于整合、借鉴、吸收别人的研究成果，节省时间，提高效率。
问题解决的成效分析和预期成果
（1）让学生重视草稿本的使用。在调查分析、深入思考之后，我想通过"认识草稿本—规范草稿本—应用草稿本"的三部曲来改变视"草"如草的现状，和学生共同拾"草"变金，挖"草"做宝，让学生把草稿本当成好朋友。

（续上表）

（2）数学综合实践课例。在"共同认识草稿本"环节，我计划上一节数学综合实践课，引导学生围绕"什么是'数学草稿本'？草稿的价值何在？"引导学生认识到：在数学学习中草稿本是必不可少的，而草稿的最大价值在于体现了我们掌握一些技能所经历的探索、猜想、推理、演算等过程。

（3）学生原始草稿本。在"规范使用草稿本"环节，我将每位同学的原始草稿拍下来，让他们欣赏自己的原始草稿，激发学生要改变草稿现状的强烈愿望：应该规范草稿的书写，规范使用草稿本，和"草稿纸"说再见。我还计划引导学生共同拟订了"数学专用草稿本使用指南"，明确了草稿本的"一专多能"，草稿本的"超凡地位"，以及写草稿的具体要求。

（4）促进草稿本有效使用的激励机制。在"有效应用草稿本"环节，结合"数学专用草稿本使用指南"，开展"四星草稿"评比活动。让学生每天对照填写"一周作业、草稿应用情况的对照记录表"。采取草稿本"每天自评、每周互评、每月展评、每期奖评"的跟进措施，调动学生的积极性。

（5）综合分析。在这一学年的研究中，纵观学生的草稿本使用变化情况、作业情况和期末成绩等方面，分析学生的草稿本使用效果。

【评析和说明】在小课题研究方案中，该部分为问题解决的成效分析和预期成果设计。分析问题解决的成效，常常需要使用证据（质性的、量化的）说明。预期成果指该研究所期望达到的目标和要求。研究成果中涵盖着教育案例、教学课例、教学叙事、教学反思、学生作业作品、调查调研报告、教学案例、研究报告、发表或交流的文章等各种资料。当然，作为小课题研究，教师可以结合自己的课题，选择其中的部分形式作为成果形式。

援助要求
我希望得到学校和数学组老师的以下帮助： （1）共同分析学生草稿本使用过程中存在的主要问题。 （2）提供各自有研究价值的学生原始草稿本，特别是学生原始草稿本使用策略，如有可能，提供相关的资料或信息。 （3）在我上研究课时，科组教师能来听评课。 【评析和说明】小课题研究方案中，该部分为援助要求。小课题负责人要求学校或上级教科研部门为研究提供一些相关支持，进而保证研究的顺利进行。
学校意见

4. 进行反思论证

设计好课题研究方案，填写好课题研究申报表格后，常常需要邀请同行、专家学者等进行课题论证，对小课题研究如何开展进行开诚布公的研讨，为小课题研究的有效实施提供建设性意见。通过小课题开题论证，使小课题的研究目标更加明确、研究理论基础更加充实、研究计划更加具体、研究的重点更加突出、研究的思路更加清晰。

小课题研究是教师自主进行研究，但研究过程中，很强调"同伴互助"式研讨，开题论证不仅仅是一种形式，也是必要的研究过程，是研究者在实施研究之前对研究项目进行的一次充分、整体的设计过程。

在学校内，开题论证一般在每学期初集中进行；在区域内（如学区、县级市等），开题论证一般采用研究内容相近的课题集中进行的方式。

<h3 style="text-align:center">关于进一步规范小课题研究开题论证会的意见①</h3>

为了完善我区教育科研课题的管理，进一步加强课题规范化管理，促进教育科研课题研究的顺利进行，根据省、市有关文件精神和《海珠区教育科研课题管理办法（修订稿）（海教〔2007〕45号）》要求，结合我区教育科研实际情况，特对我区教育科学规划小课题开题论证会的有关工作提出以下建议。

一、小课题开题论证会的目的和意义

小课题开题会又称小课题开题论证会，是小课题进入实施阶段的第一步工作。

小课题的开题论证，是教育科研管理的一项重要要求。

通过小课题开题会，使小课题的研究目标更加明确、研究理论基础更加充实、研究计划更加具体、研究的重点更加突出、研究的思路更加清晰。

通过小课题开题会，可以使小课题组成员明确自己在课题研究中的角

---

① 原为广州市海珠区教育科学规划课题（小课题）开题论证会的建议，有删减和编辑。

色,进入研究状态,找到本课题研究工作的切入口,制定出切实可行的研究策略,从而能为有条不紊地按计划开展研究工作、取得理想的研究成果打下基础。

二、小课题开题论证会的时间

小课题开题会时间一般安排90分钟左右。

三、参加小课题开题论证会的主要人员

参加小课题开题论证会的主要人员要与小课题研究内容密切相关,一般包括小课题指导专家、小课题组全体成员、同行、领导等。

其中,小课题指导专家是指对该课题的研究能起指导作用的非课题组成员,是在该课题研究领域内有较高造诣、学风端正的专业技术人员。开题论证时,不能只是自己论证自己,要虚心听取有关专家、领导、同行的意见和建议,以拓宽课题的视野,开拓研究的思路,充实课题的理论基础,把握研究的方向,提升研究工作的科学性和成果的学术价值。

四、小课题开题论证会的主要形式

小课题开题论证会要从课题实际情况出发,通过座谈会或研讨的形式,组织课题的开题论证工作。不要把开题论证会搞成科研报告会的形式。

五、小课题开题论证会的主要内容

小课题开题论证会的最主要内容是课题开题报告和对课题进行论证。

(1)开题报告:一般由课题负责人进行开题报告。

(2)论证:到会专家、领导、同行及其他人员尤其是受邀请的指导专家对课题进行质疑,课题负责人或课题组成员对专家的问题阐述回答,课题组成员向与会人员请教,在"学术对话"中完善课题实施方案。但开题论证会不同于成果鉴定会,开题论证是一种预研究,要努力征求不同意见,以完善研究设计,争取最好的研究结果。

(3)其他:包括学校领导进行表态性发言等。

六、其他事宜

(1)课题开题论证会前,至少在五天前将课题申请书和撰写的课题开题报告送达专家组成员审阅。

（2）课题开题论证会结束后，要注意资料整理和存档。

中小学教师要关注自身实践中有意义的事件和日常工作中有价值的困惑，要在看似无问题的"教学惯性"中发现问题，在问题成堆时聚焦某一个问题，界定与问题相关的核心概念，缩小问题范围，将广泛的问题明确化，一般的问题特征化。在此基础上，搭建研究基本框架，设计研究蓝图，开展学术论证，从科学研究的规范角度来解决与思考这些问题，将"小问题"转化为"小课题"，这也是开展小课题研究最为关键的一步。[1]

---

[1] 费伦猛：《立足"小问题"形成"小课题"》，载《课程教学研究》2013 第 4 期，第 86 - 88 页。

第四章　做题：小课题研究过程和方法

一、小课题研究的基本过程

小课题研究固然可以且应当成为改进教育教学实践的主要方式之一，然而，对于一线中小学教师而言，关键之处在于如何有效、系统地开展小课题研究，如何为广大教师开展小课题研究提供科学、可行的研究思路与操作步骤。

小课题研究，外显于学科教师积极主动改善自身教育教学问题的过程，我们遵循教育科研的一般规律，在充分认识小课题"小"和"好"的基础上，按照"选题、析题、定题、做题、结题、用题"六步法，开发出"支架"式问题解决方案设计指引、小课题研究手册、"5W2H"跟踪诊断工具、二次检验图谱等操作性工具，融合小课题研究内容，嵌入小课题研究方法，构建出中小学学科教师小课题研究问题解决整体方案（见图4-1），进行小课题研究实操性过程指引。[①]

（一）选题

选题需要发现问题，教师要有问题意识，这是进行研究的前提。小课题研究的问题来自教师在教育教学过程中所碰到的一些细小问题，这些问题对于教师来说也许司空见惯，但如果从科学研究的规范角度来解决与思考这些问题，那么这些问题就最有可能成为小课题研究的问题。

有关小课题研究中发现问题的思维策略、问题的来源和选择原则，我

---

① 费伦猛：《小课题研究的过程指导框架与实施策略探析》，载《课程教学研究》2016年第1期，第26-29页。

第四章 做题：小课题研究过程和方法

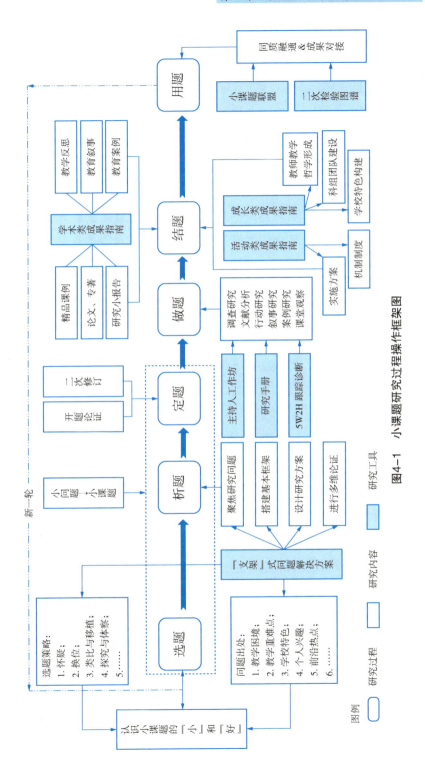

图4-1 小课题研究过程操作框架图

们在本书第三章已做具体介绍。

（二）析题

发现问题之后，要对问题进行进一步聚焦，缩小问题范围，将广泛的问题明确化，一般的问题特征化。在此基础上，界定与问题相关的概念，通过恰当的方式进行表述，将"小问题"转化为"小课题"。

将"小问题"转化为"小课题"过程中，关键是要让教师寻找解决问题的方法。寻找解决问题的方法的途径有很多，既要做比较充分的调查调研，也要进行广泛的文献查阅和研读，还要与同行同事进行同伴互助式研讨，必要时还要向专家请教。教师在反思、分析与综合、借鉴的基础上确定问题解决的方法，设计好研究蓝图，形成研究方案。将"小问题"转化为"小课题"的过程，既是寻找解决问题的方法的过程，也是一个学习提升的过程，这是小课题研究最为关键的一步。

如何将"小问题"转化为"小课题"？我们已在本书第三章做了具体介绍。

（三）定题

小课题研究实施方案初步成型后，需要组织小课题学术论证，小课题学术论证是对小课题研究如何开展进行开诚布公的研讨，其目的是听取有关专家、领导、同行（尤其是教研组、学科组）的意见和建议，征求不同意见，以完善研究方案的设计，提升研究工作的科学性和成果的学术价值。因此，通过小课题学术论证，二次修订小课题研究实施方案，使小课题研究的目标更加明确、理论基础更加充实、计划更加具体、重点更加突出、思路更加清晰。

如何进行小课题研究多维反思论证？我们已在本书第三章做了具体介绍。

（四）做题

在做题过程中，按照研究方案，在"预诊—收集资料初步研究—拟定

课题编号:

教师小课题研究手册
（试行）

课题名称：_____

年　　级：_____

学　　科：_____

姓　　名：_____

起讫时间：_____

所在学校：_____

教师小课题研究项目研究组　编印

目 录

说明：为什么开发"教师小课题研究手册" …………………… 1
一、小课题研究"问题库" …………………………………… 2
二、小课题研究申报·审批表 ………………………………… 3
三、小课题研究开题论证记录 ………………………………… 7
四、研究过程记录（一）：读书与文献的查阅 ……………… 8
五、研究过程记录（二）：调查调研情况 …………………… 9
六、研究过程记录（三）：成功的经验与案例 ……………… 10
七、研究过程记录（四）：课例观摩记录 …………………… 11
八、研究过程记录（五）：教学体验与反思 ………………… 12
九、研究过程记录（六）：学习研讨会记录 ………………… 13
十、小课题研究阶段报告与交流（有则填写）……………… 14
十一、小课题研究的三类成果（活动类、学术类、成长类，另附）
………………………………………………………………… 15
十二、小课题研究结题报告 ………………………………… 16
十三、小课题研究其他成果粘贴处 ………………………… 17
十四、结题答辩与鉴定书 …………………………………… 18
十五、小课题研究评价表 …………………………………… 20

说明：为什么开发"教师小课题研究手册"

"教师小课题研究手册"作为一种"文本化管理工具"可以有三大功能。

一是研究指导功能。什么是教师小课题研究？怎样有效实施教师小课题研究？"手册"中通俗易懂的程序化语言（包括无声的"表格语言"）所蕴含的现代教育理念和管理思想，将指导教师们有板有眼地走好"教师小课题研究"的全过程。"手册"既要求相对的规范，又充分地允许个性的发挥与创造。

二是成长档案功能。如何反映"教师小课题研究"过程？"手册"提出了明确的记录要求，提供了恰到好处的记录空间。他将为教师"小课题研究"的核心环节留下成功的足迹，为学校教科研档案积累宝贵的资料。

三是课题评价功能。"手册"坚持在实施的过程中评价、对实施的过程进行评价。"手册"要求"文本设计""实施流程""评价项目"一一对应，并在开始研究之前就明确评价标准。这样将帮助参与者经常回答诸如"我做到了吗？""我该怎样去做？"等问题，帮助参与者反思前面的工作并计划下一步的工作。

"手册"内容可以是纸质文本，也可以将其转换到网络平台（如微信群等）。

一、小课题研究"问题库"

问题源	问题库
从教师自身教育教学的困境中寻找问题	
从教师课堂教学的重点、难点中寻找问题	
从具体的教育教学场景中捕捉问题	
在与其他教师的交流中发现问题	
从阅读交流中发现问题	
从学校确立的"关键问题"分解	
来自其他的问题	

说明:具体内容和要求请参阅费伦猛著《如何做小课题研究》,中山大学出版社 2018 年版第二章、第三章。

二、小课题研究申报·审批表

（一）基本情况

小课题名称							
预计完成时间							
负责人姓名		性别		民族		出生年月	
工作职务				专业技术职务			
学　历				学　位			
联系电话				手机			
电子信箱				QQ号码（微信号）			

主要参加者（可不填满）	姓名	职称/职务	研究专长	在课题组中的分工	工作单位

负责人曾主持的课题级别及完成情况	

课题研究组成员承担课例研讨情况	课例名称	主办单位	承担人

（续上表）

	成果名称	授奖单位	作者
课题研究组成员获奖情况			

	学术类成果名称	刊物或出版社名称及日期	作者
课题研究组成员发表或出版的主要学术类成果			

（二）小课题研究设计及论证

小课题名称	
问题描述	（填报说明：描述自己教育教学活动中遇到的实际问题，分析问题产生的原因和与此相关的教情和学情。在描述时，一般采用白描的手法叙述此课题产生的过程，同时，在阐述问题时一定要观点简洁、言简意赅）
问题界定	（填报说明：对问题涉及的关键词、核心语进行诠释，提示课题研究方向和角度，在此基础上明确研究目标、研究内容。表述要简练、准确，要使用科学概念和规范用语，不要使用具有文学色彩的修辞手法）
问题解决的设想	（填报说明：包括解决本问题的研究方法、实施步骤与时间安排、研究措施等。①研究方法：例如课堂观察法、文献分析法、内容分析法、调查研究法、案例研究法等方法列举出来，并结合研究内容进行简单的说明；②实施步骤与时间安排：即研究需要多长时间，计划分几步完成，每步大概需要多长时间，每一步做些什么等；③研究措施：即在研究中准备采取哪些具体有效、切实可行的措施、做法）

(续上表)

小课题名称	
问题解决的成效预分析	（填报说明：计划收集哪些质性的、量化的证据，来证明问题解决的成效）
预期成果	（填报说明：呈现研究成果形式和预设研究成果名称）
审批意见	 公章：

说明：具体内容和要求请参阅费伦猛著《如何做小课题研究》，中山大学出版社2018年版第一章、第二章。

三、小课题研究开题论证记录

课题名称		开题时间	
主持人		地点	
参加人员			
开题过程记录（侧重记录与会人员对本课题研究的意见和建议）			
开题前查阅的文献资料			
开题后的反思与启示			

开题人：　　　　　年　月　日

说明：具体内容和要求请参阅费伦猛著《如何做小课题研究》，中山大学出版社2018年版第三章。

四、研究过程记录（一）：读书与文献的查阅

作者姓名		论文或论著名称	
发表或出版时间		发表刊物或出版社或网址	
主要观点	\multicolumn{3}{l}{阅读并记录时间：　　年　　月　　日}
对本课题研究的借鉴作用或所受的启发			

说明：①具体内容和要求请参阅费伦猛著《如何做小课题研究》，中山大学出版社2018年版第一章、第二章。②此表可复制，每次用一份。

五、研究过程记录（二）：调查调研情况

时间		对象		方式	
调查目的					
主要过程					
对本课题研究的借鉴作用或所受的启发					

说明：①具体内容和要求请参阅费伦猛著《如何做小课题研究》，中山大学出版社2018年版第四章。②此表可复制，每次调查调研填写一份。

六、研究过程记录（三）：成功的经验与案例

姓名		性别	
来源渠道			
成功的经验或案例			

记录时间：　　　年　　月　　日

说明：①具体内容和要求请参阅费伦猛著《如何做小课题研究》，中山大学出版社2018年版第四章。②此表可复制，每次填写一份。

七、研究过程记录（四）：课例观摩记录

授课人		授课班级		时间	
教学课题					
研究主题					
教学过程或重要教学片段					
教学观摩有感					

说明：①具体内容和要求请参阅费伦猛著《如何做小课题研究》，中山大学出版社2018年版第四章。②此表可复制，每个课例填写一份。

八、研究过程记录（五）：教学体验与反思

教学主题					
教学时间		教学班级		教学工具	
教学过程或重要教学片段					
教学反思					

说明：①具体内容和要求请参阅费伦猛著《如何做小课题研究》，中山大学出版社2018年版第四章。②此表可复制，每次填写一份。

九、研究过程记录（六）：学习研讨会记录

时间		地点		主持人	
主讲人		主题			
内容记录					
学习和研讨给我的启示					

十、小课题研究阶段报告与交流（有则填写）

课题名称		阶段报告时间	
课题研究进展情况			
存在的困难及希望得到的支持			
能否预期结题			
得到的意见和建议			
审查意见			

十一、小课题研究的三类成果（活动类、学术类、成长类，另附）

十二、小课题研究结题报告

十三、小课题研究其他成果粘贴处

十四、结题答辩与鉴定书

课题名称							
答辩主席		答辩时间		答辩地点	
答辩委员会成员							
陈述课题研究情况	(主要从问题的提出、问题解决过程、成效分析、存在的问题和今后努力的方向等方面,有针对性地进行阐释)

（续上表）

提问记录	
答辩记录	
鉴定意见	答辩委员会主席及成员签名： 　　　　　　　　　　　　　　　　　　　　年　　月　　日

十五、小课题研究评价表

评价项目	赋分	评价等级与赋分					自评得分	他评评分
		优秀	良好	合格	一般	不合格		
问题库	5	5	4	3	2	1		
课题申报	10	10	8	6	4	2		
开题过程记录	5	5	4	3	2	1		
研究过程记录（一）	10	10	8	6	4	2		
研究过程记录（二）	8	8	6	4	2	1		
研究过程记录（三）	8	8	6	4	2	1		
研究过程记录（四）	10	10	8	6	4	2		
研究过程记录（五）	10	10	8	6	4	2		
研究过程记录（六）	8	8	6	4	2	1		
三类成果水平	10	10	8	6	4	2		
结题报告	10	10	8	6	4	2		
结题答辩过程	6	6	5	4	3	1		
合计	100							
审批意见								

总体计划—制定具体计划—行动—总结评价"六个环节中，找到相应的方法去解决自己遇到的教育教学问题，从而把理论运用到实践。在此过程中，要科学选取调查研究法、文献研究法、叙事研究法、案例研究法、课堂观察法等研究方法，并进行综合运用。

小课题研究有哪些适宜的研究方法？我们在本章做具体介绍。

（五）结题

结题成果的表达形式是多种多样的，既可以是教育日志、教育叙事、教学反思、教育案例、精品课例，也可以是研究小报告、小论文，甚至可以是听评课稿、沙龙材料、学生作品和音像作品、图表、教具等实物材料。小课题研究的价值在于"对结果进行分析与思考"，将教师解决问题的方法进行归因分析，使具体的操作能够转化为理性的思考，能够将具体的操作转化为一般的操作，这一过程，即教师的反思过程，也是从实践上升到理论的过程。所以，一定要把自己解决这一问题的过程进行总结、提炼，并付诸文字。

成果如何表达？我们将在本书第五章做具体介绍。

（六）用题与成果推广

小课题研究成果可能没有晦涩、艰深的理论阐述，而是或自由表达，或理性提升，或问题取向，或直抒胸臆，总之，不拘形式。教师用朴实的语言叙述自己生动的实践，从实践中提炼观点，让自己的隐性知识显性化。小课题研究很强调与同行分享成功与不足，很注重"同伴互助"。小课题研究是一个动态发展与不断改进的历程，教师针对自己在教学实践中遇到的问题进行研究并取得成果，在平等交流、经验分享和学术互助中，这些成果再次运用到教育教学，这是第二次从理论到实践。小课题研究过程中的不足，在对话中，透过共同的脑力激荡呈现更多的问题产生的原因，并经由搜集相关的资料加以分析，使问题情境更加清晰，会再次澄清问题与提出新的解决策略并付诸行动。

小课题研究的过程操作性框架，明确了"选题（发现问题）—析题—定题—做题—结题—用题（成果推广）"六个操作性阶段的要求和指引，亦可称为小课题研究"六步法"，是一线教师开展小课题研究指导的"施工图""导航塔""工具书"，它从研究过程、研究工具和研究内容三个维度，为中小学学科教师有效开展小课题研究进行系统指引和全过程、立体式、实操性跟踪指导。

二、小课题研究的常用方法

"工欲善其事，必先利其器"，教育科研方法是进行教育科研所借助的思维范式，是解决问题的钥匙。针对研究课题的不同类型，需采用恰当的方法；即使是同一研究课题，往往也会交叉采用几种不同的方法，小课题研究的过程就是研究者运用多种方法解决问题的过程。

一线教师经常出现"有研究，无方法"的现象，尽管在研究计划和研究方案中罗列了不少研究方法，可"研究"时并没有应用这些方法去"研究"。小课题研究方法相对比较质朴和简便，也就是说运用方法的要求没有大课题或专业研究那样严格和复杂，教师一般不需要拥有专业研究人员具备的有关研究设计和解释的高级技术，但并不是说小课题研究不需要方法。既然是科学研究，就必须用科学的思想来指导，用科学的理论来引领，用科学的方法来操作。方法的简便不是随便，放低对方法运用的要求，不是放弃对方法的掌握和应用。没有研究方法，研究只能是一种盲目的活动。一般来说，小课题研究常常涉及的研究方法主要有调查研究法、文献分析法、内容分析法、叙事研究法、案例研究法、课堂观察法和行动研究法等。

（一）调查研究：搜集教育现状的资料

调查研究法是开展小课题研究的一个重要方法。调查研究法是通过各种方式对被研究对象某一方面的情况进行有计划、系统的了解，并从所了解的资料和事实中分析对象的现状、相互关系和发展规律的一种方法。调查研究按调查对象的选择范围，可以分为全面调查、典型调查、抽样调查、个案调查等。在调查研究的过程中，具体可以采用访谈、问卷（含考试）等形式。

"没有调查就没有发言权。"多年来，我们在指导中小学教师做小课题研究时，都是提倡先进行调查研究，"研究什么就调查什么"。开展小课题研究，进行调查研究时，需要通过现场考察、观察、问卷、访谈等方式收集资料，从而对现状做出科学分析，得出规律性认识，并作为制定出具体工作措施的依据之一。例如对"初中生英语课堂单词识记失败的原因及教学对策研究"，这个小课题里"初中生英语课堂单词识记失败的原因"不能靠经验判断和主观臆断，需要通过课堂观察和调查获得造成"识记失败"的"原因"或影响"识记失败"的主客观因素。这些信息的准确性和可靠性决定了研究的成败。如果通过观察、调查所获得的信息是基本准确的，那么，这些信息就可以成为制定改进工作对策的重要依据。

在小课题结题阶段，我们常常指导教师，采用"访谈"或"问卷"（包括考试）的工具来检测学生在研究之前和研究之后所显示的差异，并将前测和后测的数据对比显示出来，采用"数据"来增加解释的说服力。例如在"小学四年级语文'单元模块'教学有效整合的研究"这个小课题里，我们可以在研究之初，统计实验班语文考试成绩（如三年级期末考试成绩），并与年级（或全区）比较，算出平均分的差距，并进行效度分析；在实施"单元模块"教学半年或一年后，再一次将考试成绩与年级（或全区）比较，算出平均分的差距，两次平均分的差距比较，可以认为是前测和后测数据，使用简明的电子表格 Excel 来统计或采用 SPSS 系统分析，再采用"t 测试 p 值"和"效果强度"等"数据"进行对比分析，增加解释的说服力。

如何做小课题研究

案例5 一次校本教研工作现状问卷调查和分析①

随着教育科研基地学校评估的进行，为了了解学校校本教研工作现状，我们设计了一个简单的问卷。问卷共设计12道开放式试题，在集中时间让教师填写作答，现将问卷情况简要分析如下：

1. 你认为你在教学研究方面是主动的还是被动的

从教师们填写的情况看，大部分都说自己是主动的。这个结果和我的基本判断相去甚远，但我仍然相信自己的判断，大部分教师事实上是被动的。出现与事实不符的原因，我认为是这样的：一是教师没有把积极性和主动性的区别搞清楚。教师们可能对参加教研活动的态度还是积极的，还能按照学校的要求去做。但主动性要求的不只是积极参与，从本质上讲，应该是对自己的成长有主动的思考和规划，有很强的问题意识和深入追问的习惯，工作始终处于一种研究状态，总是在寻找"最科学、最有效"的办法。二是有的教师习惯了按照"上面"的期望来说话，他们肯定清楚主动总比被动要好，所以，他们讲了假话。三是少数教师没有认真对待这个问卷，有的甚至是不耐烦地回答问题。

2. 请写出你知道的全国有名的教师或专家的名字

设计这个问题，主要是想了解在我们教师的心目中有没有一个令他崇拜或追随的人。从问卷的结果来看，魏书生这个名字出现的频率较高，除此以外，还能知道更多"名教师"的只有实验小学的教师，他们大都能写出三五个，由此，我们可以判断实验小学教师的教研素质，也会明白为什么实验小学能不断地发展。

我们都知道榜样的力量是巨大的，在教师心目中要有一个"精神领袖"，即能为自己指明方向的人，我认为这是非常重要的。名教师的成长过程就是一种引领，他们的心路历程就是一种召唤，如果我们每位教师心目中都有一个"我追随的人"，那么，教师就会朝着"心中的那盏明灯"

---

① 本文资料选自http://blog.sina.com.cn/wssjg，略有编辑。

不断前行。所以，作为校长，我们应该多向教师们宣传一些名师或专家的事迹，特别是要深入了解这些人的价值观念、思维方式和成长过程，让教师们感觉到"自己也有可能成为那样的人"。

3. 你读过多少本教育教学类的书？请写出你印象最深的一本书的书名

教师们对这个问题的回答与我们预料的情况差不多。其实，教师们不只是教育教学类的书读得少，就是其他方面的书也没有多少人能有兴趣读，教师不读书的问题、厌学的问题，解决起来确实有些困难。

一个不读书的教师，他可能差不到哪里去，但肯定不是一位真正的好教师。教师的工作任务不是传授现成的知识，而是要帮助学生形成正确的人生观和价值观，是要为学生一生的幸福成长打下良好基础。这就要求教师自己首先要真正能够承担起这样的责任，一个内心苍白、没有丰富精神生活的人，他在学生心中的形象是可怕的，他也会因此而丧失自己的教育能力。

4. 你在工作中遇到难题时，常常是一种什么样的态度

多数教师的回答是按照我们所希望的——"积极地思考、研究，请求帮助"等来写的，少数教师写的是"无奈、无助"。

如果教师们真的能按照他们所写出的那样来做，当然是最好不过的。但是事实并非如此。现实中，教师们可能都有一些教育教学方法上的经验积累，在一些比较难解决的问题面前，也都想了一些办法，可是，真正能深入思考和研究、能深层次地寻找自身原因的教师为数还不是很多。大多是用了一些办法不灵之后，就开始埋怨或指责，没有心平气和的心态，没有不断追问的执着精神。比如，学生学习被动的问题、厌学的问题等，真正能较好解决这些问题的教师并不多。

5. 你在教研活动中最希望得到的是什么

教师们大多用的是这些词句：好的教学方法、提高自己的教学水平、真正对教学有帮助的建议或方案、教研的动态和方向、解决实际问题等。这种教研心态，本无可厚非，但是，我认为，这是一种实用主义思想指引下的教研追求。并且，很多教师在这样的追求过程中，感觉不到教研究竟给自己带来了什么好处，所以，常常在失望的情况下，让自己的研究意识

不断弱化，直至应付了事。

如果教师总是希望在教研活动中获得一些教育教学技术方面的支持，那么他的这种需要就很难得到满足，搞不好还会养成"跟风"的坏习惯，以至于没有了自我，无所适从。

这就要求学校管理者和教研员在策划教研活动时，必须注意引导教师们更多地从价值观念、思维方式和行为方式上去思考问题，不能仅仅让教师们只知道"应该怎样做"，而是"为什么要这样做"，并把这些东西真正融入教师的认知结构，力求改变他们的心智模式。比如，我们对一堂课的研究，我们不能仅仅停留在对课堂教学过程中的一些现象进行分析，更要对授课教师进行研究，让授课教师的教学设计的指导思想、形成过程和相关的理论支撑展示出来，让教师们从中获得的是精神、观念、思维方式，而不仅仅是技巧或现成的经验。

6. 都说教师累，没有时间做研究，你怎么看这个问题

大多数教师对这个问题的回答，让我感到欣慰。他们都能比较客观地说出自己的想法，并且只有少数教师把这个问题推给了体制和学校。有的讲"会教学的教师，即使累也很幸福；会学习的学生，即使苦也很快乐"；有的讲"累和苦是相对的，关键看自己如何认识"；有的讲"教育工作很复杂，累是肯定的，但只要能给学生们带来快乐，累一点儿没有什么"。

尽管"让教师和学生过上完整幸福的教育生活"还是一个比较遥远的理想，但从教师的回答来看，目前教师们大多还能正确面对自己的工作，还能认识到累和苦的根源在于教师自己。果真如此的话，我认为，教师的发展、学校的发展就有了好的基础。

世上没有绝对幸福的职业，关键是一个人的内心以及人在从事这个职业的过程中是否能够享受到成功。真正幸福的人，内心是充实的，体验是丰富的，而不是那些"闲人"。

7. 你有没有写文章的习惯？学校有没有要求？你怎么看

这次所评估的学校，对教师写文章都有要求，有的举办"教师博客大赛"，有的创办校刊，有的专门出台奖励办法，这是件好事。但是，校长们也都感到不那么落实，好像也没体会到这个要求的真实意义，所以，教

师们还没有进入"状态"。

教师们为什么要写文章？怎样写文章？可能是不少教师没有认真思考过的一个问题。从问卷的情况看，小学教师对这件事的认同感要强一些。大都能认识到"有意义""有助于提高自己""能在写的过程中体验快乐"。而初中教师有的讲"没有意义"，有的讲"没有时间"，有的讲"加重负担"等。

教师写文章，更多的应该是记录自己的工作过程和心路历程，记录对工作和生活的所感所悟，记录自己对一些问题的研究和思考，对一些鲜活的故事、思想火花和主题生活的深入挖掘。写的过程，就是梳理的过程，是让感性的东西理性化的过程，是思想观念更加澄明的过程，更是一种让自己的内心变得轻松、强大的过程，所以，写作的过程就是享受的过程。教师写文章是增强职业敏感性的最好办法。

8. 你认为影响教师研究积极性的最大障碍是什么

有这样一些回答：没有有效的组织和激励机制；没时间，难度大，不易出成果；只顾忙质量，没精力研究；教研活动内容不丰富，没有吸引力；教师待遇低。如果把这些答案总起来讲，我认为，影响教师研究积极性的最大障碍是：教师们还没有搞清楚"为什么要研究"这个问题。

真正的研究状态是自主研究的状态，学校组织的教研活动只能是价值的引领和方法的指导，活动的次数也必然有限，同时，教师自己的问题只有通过自主的研究才能得到彻底解决，所以，只有明白了"为什么要研究"，我们才能自觉地行动起来。那种把研究看成是别人的事、是教学工作以外的事、是为了获得待遇的事、是被逼迫的事，都是错误的研究观念。

研究的真正目的，是让自己的工作更加科学，让自己的教师生涯更加幸福，只有当自己成为一名研究型教师之后，我们的质量才有保障，我们的利益才不会受损，我们才有心情去高兴、去快乐。

9. 你有没有规划过自己的教师生涯，有没有一个最终目标

这是一个关于教师职业规划的问题，从问卷的情况看，还需要加强这方面的研究和指导。一些学校可能对35岁以下的教师有这方面的要求，

大多数学校目前还没有这方面的意识。

学校发展要有规划，但学校的发展规划如果没有教师成长的规划，那么，学校的发展规划就是虚无的，也不可能有什么作为。引导教师规划自己的职业生涯，其实就是让教师的工作有主题、有方向、有目标，也是教师成长的一个行动纲领，对提高教师自我管理和自我评价能力是一项非常有效的措施。

10. 请写出你们校长讲话中对你触动最大、印象最深的三句话

设计这个问题，主要是想了解一下，在一所学校，我们的校长是否在引领教师形成共同的价值认同方面具有影响力。遗憾的是，没有听到真正能打动教师、在教师心中扎根的校长的声音。大多数教师写的是师德、质量、纪律等方面的话语。

校长要提高自己的影响力，就必须充分利用好自己的话语优势，在教师中形成一种比较强势的话语冲击力，必须有三两句话能经常在教师的耳边萦绕。

11. 你们学校教研活动的形式有哪些？效果如何

教师们反映的是形式单一，年年重复，没有主题的问题还比较突出。

12. 你们学校承担的科研课题是什么

大部分教师是糊涂的。这就说明学校的课题研究只有少数人参与。南京夫子庙小学的教育科研经验值得借鉴，就是用科研课题统领学校的教学工作的做法，大力开展小课题研究。从制度设计、教学思想、工作行为、研究主题、质量评价等方面都围绕科研课题展开，在形成特色的同时，走内涵式发展之路。

点评：

从某种意义上说，中小学教师是调查的"高手"，例如，为了了解学生的家庭情况，我们就去家访（中小学教师对访谈的精准描述）；为了判断学生对某章知识的掌握情况，我们就进行单元测验（考试本身就是一种问卷调查）；作业批改后与学生进行面对面交流是一种以访谈为主的调查；高端备课课前测验了解学情、课后测验了解课堂实效，继而有效进行课堂

调控就是在课堂观察采取的措施……这些访谈、学情分析、问卷等,就是中小学教师调查的主要形式,也是我们中小学教师教育教学实践改进的常用方式方法。在小课题研究中,我们采用调查,既可以收集资料,了解现状,也为问题分析提供质性的或量化的证据。

(二)读书和文献查阅:全面借鉴他人的研究成果

很多名教师很会"做",不会"写",不会"穿衣戴帽",这可能是个人隐性知识显性化的转换过程发生了障碍,要解决这个问题,有效方法之一是读书和文献查阅。

"开卷有益,读书好处多",这是自古以来人们的共识,书是前人劳动与智慧的结晶。"鸟欲高飞先振翅,人求上进先读书"(李苦禅),"书到用时方恨少,事非经过不知难"(陆游),"读书破万卷,下笔如有神"(杜甫),"读过一本好书,就像交了一个益友"(臧克家),与书为友,天长地久。

文献查阅,就是从所要研究课题的历史出发,搜集与该课题有关的文献资料,从中抽取出有规律性的东西为我所用,并在此基础上进一步调查或者比较分析,展开深层次的研究。

读书、文献查阅是教育科研的一项重要活动,它贯穿于研究的全过程,小课题研究也不例外。在开展小课题研究过程中,要养成读书和查阅文献的习惯,书籍和文献不仅为解决实际问题提供了理论指导和经验借鉴,也是研究成果写作的基础之一,它还关系到研究的速度、质量和成果。

读书的重要性在此不再赘述,但为什么要查阅、研读文献资料?我们查阅、研读文献资料,不是一定要形成完整的文献综述,而是主要从以下三个方面进行借鉴:

(1)文献资料可以为我们提供研究思路。在科学史上,任何一项研究、创造和发现,都是在总结、学习和借鉴前人和他人成就的基础上取得的。正如科学家牛顿所说,如果说我比别人看得更远的话,那是因为我站在巨人的肩膀上。做小课题研究,我们通过查阅、研读文献资料,来了解我们所研究的问题别人有没有研究过？有没有解决问题？是从哪个角度去研究的？用的是什么方法？等等，这对明确自我研究思路、制定研究计划、规范研究过程都大有裨益，从而避免少走与不走弯路。

（2）文献资料可以为我们提供研究的理论证据。在实施小课题研究的过程中，针对研究的问题，我们会提出一些新的设想，以及解决问题的策略和方法，而这些新思想、新观念、新策略和新方法不是无中生有，它的确立必须有科学的证据或经过实践检验。而现有文献资料中的理论、思想观念、结论、数据等都可以作为证据来使用。查阅、研读文献资料实际上也是为自己的研究寻找证据。

（3）文献资料可以为我们提供研究的方法。无论哪一种类型的教育科研活动，都具有自觉性、组织性、继承性、创造性和探索性的特点。而这些特点都要靠一定的研究方法来实现。实践证明，对研究方法掌握的程度，是影响小课题研究成效的关键，对大多数一线教师而言，不懂研究方法，是制约研究水平提高的瓶颈。而研究方法理论学习主要来源于文献资料。

在小课题研究中，查阅文献要根据研究的需要有目的、有计划地进行。首先，要根据研究的方向和要求，确定所需文献资料的主题和范围。例如在"生本教育理念下小学五年级数学先学后教课堂教学方式的实践研究"这个小课题里，我们通常会选用"生本教育理念""先学后教"两个关键词进行检索。其次，要明确从哪儿查？怎么查？目前，教师开展研究时，最喜欢进行百度或者谷歌搜索，这种方法快捷而且不用付费，但是我们建议，要尽可能从学校图书馆（含电子图书馆）、"中国知识资源总库"等专业网站去查阅文献资料，因为这些出版的文献资源全部是经过出版者严格审核、有确切来源的，这大大减少了查找、辨别、过滤知识信息的时间。最后，对搜集到的文献资料进行筛选和加工，去芜存精、去伪存真，剔除重复的、过时的、不适用的材料，保留那些与研究有关的、全面的、正确的文献资料。作为一项研究活动，查阅的文献要注明其来源。

案例6 从"挨挨挤挤"到"争先恐后"①

在近两年的教学中,我常有力不从心之感,一是随着年龄的增长,职业怠倦油然而生;二是近年来教学理念不断更新,教学改革之风盛行,常有"雾里看花"之感;三是自认为不是智慧型的教师。为了更好地做好工作,平时我常常去听课,借鉴他人的实践经验;有空也会翻阅教育教学之类的书报杂志,开阔自己的理论视野。

今年暑假,我翻阅了《小学教学参考》杂志,书中有一篇《例谈教师追问时机的把握》的文章。看完后,我陷入了深深的沉思。

文章中有一段讲到"二、在解读流于表面时追问"时。课堂上,学生缺乏对词句内涵的深层体验必然导致对本文解读的表层化,所获取的体验也是肤浅的。此时,教师应通过有意识的追问为学生搭设思维跳板,进一步拓展思路,提升学生对词句内核的理解。例如,在《荷花》一文的教学中,教师发现学生对"挨挨挤挤"的理解仅仅停留在字面意思的层面上,于是,设计了如下环节进行追问,把学生的感悟引向深入。

生:"荷叶挨挨挤挤的,像一个个碧绿的大圆盘"这句话中的"挨挨挤挤"写出了荷叶多,长得很茂盛的特点。

师:你们从"挨挨挤挤"这个词中体会到了荷叶长得多,长得茂盛。同学们,你们在生活中见到过挨挨挤挤的现象吗?

生1:在公共汽车上,人特别多,挨挨挤挤的。

生2:春节期间的超市里,购物的人也是挨挨挤挤的。

生3:夏天到了,奶奶家门前的一棵大树,树叶密密层层、挨挨挤挤,把蓝天都遮住了。

师:"挨挨挤挤"说明了人或东西很多,那么,这儿说荷叶"挨挨挤挤"是告诉我们什么呢?

---

① 本文作者是广州市海珠区后乐园街小学刘丽冰老师,选用时略有编辑。

生1：说明荷叶长得很有生机。

生2：还可以想象出荷花肯定也长得很美。

生3：我觉得大自然很伟大，能使荷叶长得这么多，这么美。我们应该热爱大自然。

……

当我读到此时，我想到了自己教四年级语文下册《自然之道》一课时，文中出现"争先恐后"一词。备课时，我知道学生应该不太理解这个词的用法以及词的内涵，于是，我查找教学资料，看看别人对这类型词语是怎么教的。根据资料的提示，我仿照阅读到的"挨挨挤挤"一词的教学设计，大胆设计这样一个环节，就上起课来了：

师：这个词是什么意思？

生：抢着向前，唯恐落后。

师："争先恐后"一词，用在哪些方面？

生1：放学。

生2：运动会上争取成绩的积极性。

师："争先恐后"一词，有次序吗？排队时能用"争先恐后"一词吗？

学生听后都有反应，一些说"能"，另一些说"不能"。因此，我让大家再读带有"争先恐后"一词的句子，让学生根据句子找依据，于是，同学们又发表自己的见解。最后，大家知道了"争先恐后"一词的用法以及内涵。我就马上让学生用"争先恐后"一词造句。学生汇报如下：

生1：放学了，同学们争先恐后地走出教室。

师：好！但我们现在要排队放学，不能没有次序啊！

生2：在学校举行的运动会上，各班同学争先恐后，奋力争先。

师：这句好，为什么？

生：用在争取成绩上。

师：对！谁再来。

生3：我们争先恐后地跑步，唯恐得不了第一名。

生4：百佳超市大优惠活动正式开始了，今天一大早，超市一开门，人们就争先恐后地拥进去。

师：看！他真会观察，说得好！谁再来？

生5：蚊子们争先恐后地来叮人们，让人们不能安宁。

师：这句造得很有创意。

学生你一言我一语地运用"争先恐后"一词造句，提升了学生对词句内涵的理解。为帮助学生理解词语并通过设计相关的问题，我为学生搭设了思维的跳板，进一步拓展了教与学的思路。

我当时并不知道自己的设计是否正确，课堂实施中学生的"小手"不停地举起，让我有一种"很流畅""很爽"的感觉。更欣喜的是，在一次"形成性评价"测试中，就有一道题，要求用"争先恐后"一词写话，我班的学生都能正确答题，基本掌握了这个词的运用和理解。

孔子说："举一隅，不以三隅反，则不复也。"意思是说，举出一个方面为例来告诉学习的人，而他不能推断其他三个方面如何，就不用再教他了，因为他不用心思考。后来，大家把这个典故引申为"举一反三"的成语。我认为，从书报杂志上的"挨挨挤挤"到课堂实践中的"争先恐后"，虽不是"举一反三"，至少是"举一反一"吧?!

点评：

刘老师仿照杂志中有关"挨挨挤挤"教学设计的思路，在"争先恐后"一词的课堂教学中，大胆尝试，无论是在课堂上还是在"形成性评价"测试后，都有一种"很流畅""很爽"的感觉，仿照教学取得了较好的教学效果，刘老师自己也体验到了成功的喜悦。中小学教育科研尤其是小课题研究，是以实证研究为主，读书和查阅文献不仅可以为解决实际问题提供理论指导，而且是借鉴前人研究成果的重要途径。

（三）内容分析法：指向定量的事实判断和推论

内容分析法起源于传播学领域。第二次世界大战期间，美国学者H.D.拉斯韦尔等人组织了一项名为"战时通讯研究"的工作，以德国公开出版的报纸为分析对象，获取了许多军政机密情报，这项工作不仅使内容分析法显示出明显的实际效果，而且在方法上取得一套模式。20世纪

50年代，美国学者贝雷尔森发表《传播研究的内容分析》一书，确立了内容分析法的地位；J.奈斯比特运用内容分析法主持出版"趋势报告"，并以这些报告为基础写成《大趋势》一书，享誉全球，促使内容分析方法系统化。20世纪80年代，Krippendorf出版了经典专著《内容分析》，之后，Daniel Riff, Stephen Lacy等出版了《内容分析法：媒介信息量化研究技巧》，这些专著提供了全面的内容分析法研究的操作指南，深入分析了内容分析法中的各种常见问题，如测量、抽样、信度、效度和数据分析中的各种技术，并附以大量案例，方便初学者学习和运用。

内容分析法将非定量的资料材料转化为定量的数据，并依据这些数据对资料材料内容做出定量分析和关于事实的判断和推论。学者们基本认同内容分析法具有以下三个关键特性：①系统性。系统性是指内容或类目的取舍应依据一致的标准，被分析的内容必须按照明确无误、前后一致的原则来选择，按照完全相同的方法被处理，避免只有支持研究者假设前提的资料才被纳入研究对象的情况；避免研究中交替使用不同的规则，因为这会导致结论混淆不清。②客观性。客观性是指需要建立一套明确的标准和程序，充分解释抽样和分类方法，否则，研究者就不能达到客观的要求，结论也会令人怀疑。虽然在内容分析的前期阶段，选择分析要素、制定评价标准、定义分析类别等过程是主观的，但一旦将文字的（或图画的）非定量的内容转化为定量的数据后，必须按照确定的分析要素、标准、类别等进行计量，计量出什么结果，就只能表述什么结果。即使换一个研究者，得出的结论也应该是相同的。由此，内容分析法的客观性被确立。③定量性。定量性是指研究中运用统计学方法进行计量，用数字或图表的方式表述内容分析的结果。定量性是内容分析法最为显著的特征，内容分析通过频数、百分比、卡方分析、相关分析以及T-TEST等统计技术，对信息实体做精确的量化描述，计量的数据能简明扼要描述研究结果，且有助于事实结论的解释和分析。

内容分析法的一般操作过程包括建立分析目标、确定选择分析单位、设计分析维度体系、量化分析材料、进行评判记录和分析推论六步。内容分析法适用研究范围广泛的小课题。首先，就内容分析材料的来源而言，它既可以是许多现有材料（如学生教材、学生日记、作业、作文等），也可以为某一特定的研究目的而专门收集有关材料（如访谈记录、观察记录、句子完成测验等）；其次，就内容分析资料材料的性质而言，可适于任何形态的材料，即它既可适用于文字记录形态类型的材料，又可适用于非文字记录形态类型的材料（如视频、录音、电视节目、动作与姿势的录像等）；最后，就功能来说，既可以分析现状，更重要的是还可以进行趋势预测。例如，可以用它来分析教材的结构，对教材编制做出定量、定性的分析；也可以用它来分析学生的作业，对学生的错误种类做出定量的描述；还可以用它来分析教师、学生或其他人的各种作品、语言、动作、姿势，对教师、学生等的个人风格、个性特征做出判断。

案例 7 深化小课题研究的内容分析[①]

"小课题研究源于一线中小学教师对自身教育教学工作的反思以及对教育实践困惑的追问，是教师在短时期内以解决教育教学实际问题为中心，而积极主动进行实践改进的一种课题研究方式。"[②] 在小课题研究过程中，"由于不同教师的兴趣、特长、需要以及教学实践中发现的问题各不相同，因此具备了个性化研究的基础。教师做自己想做的事情，做自己能做的课题。"[③] 但是，随着研究的深化，小课题研究逐渐进入高原期，出现了一些瓶颈性问题。为此，我们小课题研究指导团队采用内容分析法，寻找当前小课题研究共性问题，引领助推小课题研究向纵深发展。

---

① 费伦猛：《深化小课题研究的问题与对策探析——基于内容分析法》，选自《课程教学研究》2017 年第 11 期，略有编辑。

② 费伦猛：《小课题"小"在哪里——中小学教师小课题研究的典型特征剖析》，载《课程教学研究》2013 年第 8 期，第 86-88 页。

③ 薛正斌：《关于小课题研究的几个问题》，载《教育科学研究》2015 年第 6 期，第 72-77 页。

一、过程设计

1. 选择研究对象

本文主要研究对象为 2015 年、2016 年、2017 年广州市海珠区等三个小课题研究实验区教育科学规划中关于小课题研究的研究项目，共计立项 503 项，覆盖了基础教育的各个阶段。

2. 采用研究方法

本文采用内容分析法，围绕 503 项小课题研究的信息内容加以归类统计，设计维度进行深层次分析，以期挖掘当前小课题研究的基本形式与存在问题，并据此提出相应的对策建议。

3. 确立分析维度

第一，以不同类型的立项课题研究内容为视角，分析 503 项小课题主要围绕何种教育问题展开探究；第二，总结三个实验区小课题研究所取得的初步成效并探索研究中存在的主要问题；第三，围绕小课题研究存在的问题寻找可行性较强的对策建议。

二、深化小课题研究的结果与讨论

（一）研究内容分析

通过对 503 项小课题研究项目内容进行归纳整理，发现立项的小课题主要以中小学学校教育中的具体实际问题为主，但是也关注幼儿教育和职业教育中的教育问题；选题内容涉及语文、数学、英语、物理、化学、生物、政治、历史、地理等文化课程和音乐、美术、体育、心理健康、信息技术等实践课程；既有关于教学策略、教学模式、学习方法、学习能力、创新培养等具体提高学生学习的主题，也有关于课程资源开发、校本课程研究等拓展学生视野的素材，充分体现了理论性和实践性相结合、个性化和多样化相促进的特点。课题主要采用文献分析、调查研究、案例研究、行动研究等多种研究方法，在某种程度上发挥了质性研究和量化研究两者的长处，保证了课题研究的效果。

作为教育科学规划课题的一种，本轮小课题研究课题立项审核之严、覆盖学校之广、参与研究人数之众、涉及学科门类之全，三个实验区在广东省尚属首次，其意义不仅是对广东省中小学教师的科研意愿、科研能力、科研素质与水平的一次重要检验，更体现了教育行政主管部门对教师专业化发展和个人成长的关注、对教师解决身边教育教学问题意识和方法的方向性引导。

(二) 研究成效与问题分析

本次小课题研究与以前同类研究相比有了较大的提高和明显的进步，体现了中小学教师在提升教育教学能力的同时，也致力于开发个人的科研素养。但通过运用内容分析法进行客观、系统、定量的分析，当前的小课题研究在主题选取、课题设计、方法选择、过程分析和成果表达方面存在诸多需要重视和解决的问题。

1. 研究主题选取不够精准

研究始于问题，基于问题也是小课题研究的首要特征。小课题研究的选题同样需要经历"产生研究动机—确定研究方向—选择研究主题"前后相继的阶段。从立项课题的选题分析，其中比较明显的问题包括：

(1) 课题名称表述冗长，包含多重研究内容。例如，"开展有效习作课堂练习设计，提高学生遣词造句能力的研究""创造积极的地理课题环境，培养学生自主学习能力的实验研究""利用英语复习课设计有效教学活动，培养小学中、高年段学生阅读思维能力""优化教学与评价，培养学困生良好数学学习品质研究"等课题都是以两个分句联合的形式构成研究主题名称，每个研究主题都包含两部分内容，在逻辑上构成一种并列平等的关系，需要分别阐述如何对前后两种问题进行研究并厘清两者间的关系，违背了每个研究只能有一个研究重心的要求。

(2) 课题名称表述缺少应有的学术规范。"课题名称表述时，研究方法可以省略，但'研究对象''研究问题'和'研究'二字不能省略，尤其是'研究'二字不能省略。《全国教育科学"十二五"规划2011年课题指南》中的10项国家重点招标课题和13类247项一般课题中96.9%的课题在表述时省略了研究方法，但257项课题名称末尾均未省略'研究'二字。"据此分析，其一，部分课题缺少研究对象，如"计算机辅助设计（AutoCAD）网络教学的研究""三种类型英语知识的教学视觉的研究""利用字源多元快速识字的研究""探索语言大量输入与高效输出的策略研究"等就没有明确的研究对象。其二,部分课题名称缺少"研究"二字。如"高中英语写作练习的最优化""高校拓展式古诗教学模式的构建""插图在高中英语阅读任务中的应用""基于小组合作模式探究高中生学习内驱力""武术特色课程的开发与应用""利用微信平台指导小学低年级课外阅读"等从形式上更多的是一种名词短语而非研究主题表达。其三,部分课题名称使用"通俗语"或具有特定范围指称的"缩略语",缺少学术性。例如,"融合微课的'舌尖上的化学'校本课程开发的研究""小学阶段'语文实践式补差'的方法与策略研究"中关于何为"舌尖上的化学""语文实践式补差"并没有统一的解释和界定,只是局部约定俗成的表述和通用说法,缺少普适性。

(3)部分课题负责人没有正确理解"小课题研究"的确切含义,研究主题过大或过小。例如,"通过学习故事提升孩子语言表达能力的研究""巧用《读书手册》提高学生阅读效率的研究"中对于研究对象没有明确的限制,"孩子""学生"应该具有明确的年龄界限或学段要求,否则容易导致研究样本过大,研究结论的有效性值得商榷。而"漫画教学资源在六年级品德第五单元主题3中的应用研究""利用微课提升小学中年级数学知识点记忆的研究——以三年级下册第五单元为例"针对的主题明显范围太过狭窄。"小课题研究"中的"小"并非指微小,而是指研究主体、研究主题、研究内容相比宏观研究要小,但是这种类型的研究也要具有一般研究的特性,即通过本研究可以为其他类似的研究提供借鉴和指导,而上述研究主题仅仅是针对某个小的单元主题而设计,由于课程单元内容不会出现重复,因此,该研究几乎没有推广借鉴价值,也就失去了研究的意义。

其余的错误形式还有若干。有的以"探究"或"探索"取代"研究",如"依托社区志愿行动增进中学生主观幸福感的探究""在初中生物教学中进行生命伦理教育的探索";有的在课题名称中出现并列式短语,如"小学数学课堂教学生活化有效策略的研究与实践""小学科学实践中论证式教学的实施与研究""小学数学图形与几何领域'图形的认识'操作活动的设计与实践研究"等。

2. 课题设计构思缺乏深度

课题设计是对课题研究活动开展过程的假设，是整个课题研究的重心，对于确保课题研究质量具有关键意义。尽管不同类型的研究课题对课题设计的要求不同，但是结构良好的课题设计一般都包括明确的研究目标、全面的文献梳理、清晰的研究思路等。综合立项课题分析可以看出：①研究目标不够精准。研究目标是研究所要达到的具体目的，在整个研究中发挥统领、指导的作用，明确的研究目标能够指明课题研究的主旨，规划课题研究的思路。部分研究主题，如"三种类型英语知识的教学视觉的研究""小学英语作业批改的研究"给人一种摸不着头脑的感觉，是具体操作、策略创新还是实践应用都无法知道。②多数课题负责人对文献资料不够重视，对研究主题的资料掌握不够全面，在某种程度上缺少研究的文献依据和理论支撑。小课题研究尽管不像其他的教育专项课题研究一样需要文献综述，但必须对国内外研究现状予以分析和比较，而且也要求在宏观层面上对已有研究有较为准确的把握，了解已有研究进行到何种程度。多数课题负责人忽视了这方面的要求，仅依靠自己的理解和教学需要就确定研究主题，导致研究在低水平层面的重复和对他人研究成果的复制，浪费了教育资源。③课题研究以个人经验总结居多，缺少对他人研究成果的吸收和借鉴，更没有与同伴的交流与合作，使得自己的研究在某种程度上失去了可以推广和被采纳的前提。④不少课题研究思路混乱，尽管有繁多的文字表述，但更多的是研究目标、研究方法内容的重现，对具体研究中要求的"提出问题—作出假设—验证假设"的过程缺少基本的构想、路径、措施，对研究主题的认识更多地停留在主观层面的认识，缺少成果本身应有的客观性和操作性。

3. 研究方法选择稍显单一

研究方法是在课题研究中运用智慧进行科学思考的手段和途径。科学的研究方法能够发现研究目标和研究对象的内在关系，揭示研究假设反映研究问题的真实程度，对于研究结论的有效性具有至关重要的作用。在小课题研究中，常用的研究方法有文献法、调查法、访谈法、课堂观察法等，每种方法都有自己的适用范围和研究对象，同时也有难以克服的弱点，在具体研究过程中要结合研究主题和研究样本灵活选择。教师小课题研究大多源自教师在教育教学实践中的困惑或难题，与教师的日常教育教学密切相关，相比其他类型的课题研究，更加具体、微观，更加关注研究的针对性和实用性。从教师小课题研究过程中选用的研究方法分析，目前仍是以行动研究法、问卷调查法或访谈法居多，它们对于发现研究中的外显问题作用较大，可以直观了解教育教学实际过程中的具体现象，但是对于这些现象背后的深层原因、内在关联则稍有不及。教育研究针对的是个性独立、需求多元的受教育者，为真正发现和满足他们的实际需要，需要更多地采用课堂观察法、案例法等深入挖掘课题问题与背后的原因，提高研究的有效性和可信度。

4. 研究过程分析较为浅显

研究过程是课题研究具体执行和实际操作的阶段，是对研究目标进行层次分析、逐层剖析、逐步分解，不断使研究目标具体化、层级化、精细化的过程。课题研究过程比较复杂，涉及的人员、资源、关系都比较繁多，运用的模式也各有不同，本次小课题研究探索"5W2H"这种新颖的研究模式在具体实践中的应用。"5W2H"是在哈罗德·拉斯维尔（Harold Lasswell）提出的"5W"模式的基础上发展演变而来的。经过实践与总结，"5W"模式已从最初的揭示媒体单一层次的传播要点发展成为一种精细的系统化分析方法，我们对这一模式予以创新，发展为"5W2H"模式，并使小课题研究过程在七个维度、四个层次展开（见表4-1）。①

---

① 费伦猛：《学科教师小课题引领的教研方式创新》，载《教学与管理》2016年第7期，第39-41页。

表4-1 "5W2H"模式的具体应用

要素	层次1	层次2	层次3	层次4	结论
Who	是谁	为什么是他	有更合适的人吗	为什么是更合适的人	定人员
When	什么时候	为什么在这个时候	有更合适的时间吗	为什么是更合适的时间	定时间 定顺序
Where	什么地点	为什么在这个地点	有更合适的地点吗	为什么是更合适的地点	定位置
Why	什么原因	为什么是这个理由	有更合适的理由吗	为什么是更合适的理由	定原因
What	什么事情	为什么做这件事情	有更合适的事情吗	为什么是更合适的事情	定事情 定主题
How	如何做	为什么采用这种方法	有更合适的方法吗	为什么是更合适的方法	定方法
How much	花费多少	为什么要这些花费	有更合理的花费吗	为什么是更合理的花费	定耗费 定成本
程度	低—高				

小课题研究大多针对实际教学中的具体问题,这类问题相对微观,容易理解但需要深入实地研究,更要求研究者对研究主题具备清晰的认识,全面掌握研究总目标与具体分目标的关系。分析本次立项课题,部分教师违背了这一要求,尤其是偏离了小课题的立项指导思想——"主题—跟踪"校本研究。非但如此,部分小课题研究停留在教师个人层面,没有使小课题研究与日常的学校、区域教研活动真正融合,客观上加深了教师与教研活动的隔阂,导致教研、科研成果难以推广。

分析现有的小课题研究成果,基本还是以第一层次为主,对研究主题的探究还比较浅显,表面性的东西居多,而对于第二层次,尤其是第三、四层次基本没有涉及,研究很难深入发现问题背后的原因和规律。

5. 研究成果表达缺乏创新

小课题研究是以教师为研究主体，通常发生在学校环境中，实际教育教学情境既是教师研究的起点，同时也是教师研究的归宿，这内在地决定了小课题研究的成果不仅需要关注理论问题，更要重视实际教育教学情境中对理论问题的应用和解决。在小课题研究中，"从研究成果的表达形式来看，大致可分为三类：第一类是活动类成果，主要是指教育日志、教学设计、听评课稿、沙龙材料、学生作品和音像作品、图表、教具等实物；第二类为成长类成果，主要是学生成长、教师专业提升、学校特色发展等；第三类则是学术类成果，主要包括教育叙事、教育反思、教育案例、精品课例、论文、著作等。"

总的来看，当前小课题研究的研究成果，存在成果种类简单、表达形式单一的问题，成果呈现以第一类成果形式为主，更多的是教育日志、教学设计、听评课稿等，多采用总结性、陈述性、解释性的表现形式，基本都是教师研究成果的事实性描述，而更深层次的讨论性、探究性、发散性研究还没有受到重视。对于事实背后的原因、规律和已有研究基础上的深化缺乏重视，尤其是教育案例还没有得到足够的重视，这不仅不利于教师记录自身教育教学经历，督促教师关注日常工作背后隐含的问题，更无法促进教师对自身行为进行反思，推动教师隐性知识的外显。

小课题研究具有起点低、日常化、周期短、好操作、易评价等典型特征，在新课改的背景下，小课题研究已经迅速成为一股热潮，缩小了教师与科研的距离，在寻找教改突破口、提高教学质量方面发挥了重要作用。但是，科研之路无尽，针对小课题研究中出现的问题，教师需要进一步践行理论学习、持续进行反思、提高科研素质。

点评：

随着教师专业发展的推进，小课题研究成为有效的途径。但小课题研究推行到一定阶段，应如何更加科学地发现问题和难题，进行趋势预测，以便提质增效？小课题研究资深指导专家费伦猛教授带领团队，在设立的小课题研究实验区中，采用内容分析法，精准发现小课题研究主题选题、研究课题设计、研究方法选择、研究过程分析和研究成果表达方面存在的某些问题，进行反思，查找利弊得失，有针对性地进行问题解决和相互探讨，提升了小课题研究的效力，促进了教师专业成长。

（四）行动研究：搭建研究与实践间的桥梁

小课题研究常常采用行动研究法。行动研究法就是在具体的行动中开展研究，是一种融教育研究和教育实践活动于一体的科研方法。

关于行动研究的步骤，理论界有不同的表述，其中比较有影响力的是 20 世纪 80 年代凯米斯（S. Kemmis）提出的螺旋发展圈，他认为行动研究的过程是"设想—计划—行动—考察—反思—再计划……"，这一运作程序可以举例如下①。

第一个循环：

设想——学生认为科学只是回忆事实，而不是探索。怎样才能使学生进行探索？是改革课程，还是改变提问策略？看来，应该首先建立新的提问策略。

计划——把提问的中心转移到鼓励学生为解决问题而寻找答案上来。

行动——试验性地提一些让学生说出想法和兴趣的问题。

考察——录制几堂课的提问，观察记录情况，并记下有关印象。

反思——为了使全班按教师的设想走，起初以为需要对情境进行控制，但现在看来，对情境的控制会破坏探索性提问。

第二个循环：

修正后的计划——继续贯彻基本设想和计划，但要减少控制性陈述。

行动——在几节课中减少控制性陈述。

考察——录制提问及控制性陈述，并记下对学生行动的影响。

反思——学生的探索精神虽然得到了发展，但随之而来的问题是，如何才能使他们步入正轨，让他们相互倾听彼此的回答？

……

---

① 张民选：《对"行动研究"的研究》，载《华东师范大学学报》（教科版）1992 年第 1 期。

凯米斯认为，行动研究是一个螺旋式加深的发展过程，每一个螺旋发展圈又都包括"计划—实施—观察—反思"四个相互联系、相互依赖的基本环节。其中，"观察"不是一个独立的环节，而是在行动研究的过程中的搜集资料和监察工作；"反思"是对行动效果的思考，并在此基础上计划下一步的行动。它是第一个螺旋圈的终结，又是过渡到另一个螺旋圈的中介。

行动研究不仅仅是一种研究方法，更重要的是一种研究取向，一种研究操作模式，行动研究过程中可以使用各种方法，如问卷调查、访谈、内容分析、观察等。

案例8 互动型数学课堂管理行为的行动研究[①]

一、问题提出

从教十年来听到学生讲的最揪心的一句话是："老师，高中数学太难了，课堂上您讲的大部分我还是能听得懂，可是一遇到题目就不会做了。"而且说这种话的学生几乎每一届都有。从教十年听到同事说得最多的一句话是："这个问题我至少讲了三遍了，怎么还是做错啦？"我们总以为"（老师）讲了=（学生）听懂了=（学生）会做了"，其实这只是我们老师一厢情愿的良好愿望。为什么我们老师的理想总与学生的现实相差那么远呢？有老师说，因为学生基础太差了！或许这是我校生源的现实，怎么办呢？有老师提议增加课后辅导时间。我们来算算这笔账：每天按8节课，每节课按40分钟计算，学生每天课堂学习时间320分钟，相当于5个多小时，已经很疲劳了。就算学生有干劲，可如果有困惑的学生数量太多的话，老师也吃不消。这种依靠延长学习时间来获取学习收益的行为是一种低效的行为，不现实！根本出路应该回归课堂寻找解决问题的思路。

显然，无论是从课堂社会形态的演变，还是从当前的课堂教学实际来

---

① 本文作者是岭南画派纪念中学范晓绚老师，选用时略有编辑。

看，单纯以"教"为中心或者以"学"为中心的传统课堂管理行为模式已不能适应学生发展的要求。定位在学习共同体的课堂中，探索高中数学教师通过怎样的课堂管理行为，促进数学课堂学习共同体内学生的共同学习以及合作沟通的有效发生，是新时代实现学生更好地学习和更健康地成长的迫切诉求。

那么，如何以"互动"为中心进行课堂管理，改善学生的合作交流状况、提高学生的数学学习成绩呢？

二、问题解决的过程

我们主要采用的是质的研究和量的研究相结合的方法，主要按照勒温的行动研究程序模式，在我校确定的实验班和对照班的数学课堂中进行实践对照。在对照班仍旧采用传统课堂管理行为组织课堂学习。在实验班的课堂教学管理中，探索学习共同体，即高中数学教师如何通过一定的课堂管理行为促进学生的共同学习，改善学生的合作交流状况，从而提高学生的数学学习成绩。

1. 对象的选取

在本校高中年级中，通过对比任教两个班前测成绩和合作交流状况的差异性，随机确定其中一个班为实验班，另一个班为对照班。

两个班均为同一教师任教，两个班所使用的教材和教辅资料相同，只是教学管理方式不同。

2. 三轮实施的过程

开展三轮行动研究（如图4-2），每一轮都在不断修正上一轮问题的过程中螺旋式前进，层层推进，最终真正实现学生更好地学习和更健康地成长。

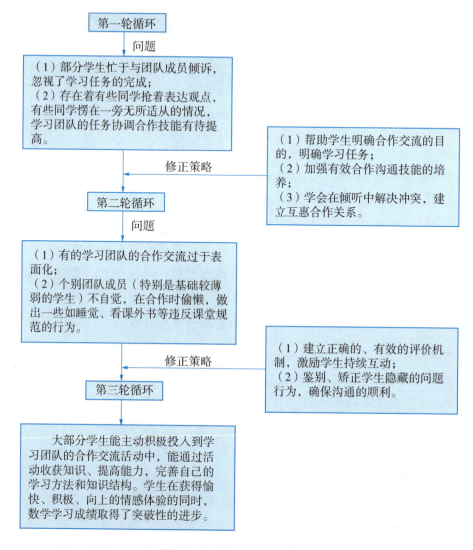

图 4-2 三轮行动研究总结

具体操作流程如下:

第一轮行动研究(9月—10月)——"互动的产生"课堂管理行为的具体操作:

(1)培养合作沟通的意识——主题讲座。

(2)建立良好的互动结构。

(3)共享愿景,制定课堂行为规范。

表4-2　第一轮行动研究执教教师填写的反思表

反思内容	我的行为	要改进的地方
在课堂数学知识的呈现过程中，我是否照顾了学生的感受？我的课是否为"一言堂"？学生是否有主动发现知识的机会？		
我是否在课堂教学管理中有意识地增强了学生的合作沟通意识？		
我是否帮助学生组建了合作交流的学习团队和为其合作探究搭建平台？		
我是否在课堂学习活动中为学生的合作交流安排了时间和空间？		
我是否为学习团队的合作交流学习活动的顺利进行采取了一定的保障措施？是否有效？		

通过分析执教教师反思表（如表4-2所示）、学生的周记以及与学生交谈，总结如下：

（1）教师在课堂教学中基本能做到学生自己能发现的知识教师不代劳。

（2）教师采取积极的措施（如说理、讲座互动）增强学生的合作沟通意识，很多学生表示出愿意在数学学习中与其他同学交流的意向。

（3）师生共同组建合作交流团队，建立了共同愿景，并在民主的氛围中为合作交流学习活动制定了课堂行为规范。

（4）学生虽愿意沟通，但在实际的合作交流学习活动中有些学生把大量的时间花在相互倾诉、谈感受上。

（5）学生虽有分工，但还是缺乏合作沟通的技能，所以有时会出现团队里两个同学抢着表达观点，而基础较差的学生往往无所适从的情况。

我们小结如下：

在"互动的产生"阶段的实践中，学生普遍意识到合作沟通的重要性，纷纷表示愿意在学习团队中共享学习成果，课堂气氛变得活跃，但也

存在着以下问题:

(1) 部分学生以为团队合作学习时间就只是与团队成员互相倾诉、谈感受的时间,忽视了学习任务的完成。

(2) 在部分学习团队里,存在着有些同学抢着表达观点,有些同学愣在一旁无所适从的情况,学习团队的任务协调合作技能有待提高。

第二轮行动研究(10月—11月)——"互动的维持"课堂管理行为的具体操作:

(1) 精心设计问题,引发问题探究欲望。

(2) 鼓励学习团队合作探究,引发思维碰撞。

①明确合作交流目的;

②营造良好的沟通氛围,促进理解和信任;

③培养有效的合作沟通技能;

④在相互倾听中解决冲突,建立互惠合作关系。

(3) 营造"沉浸体验",引导学生主动完善知识网络。

表4-3 第二轮行动研究执教教师填写的反思表

反思内容	我的行为	要改进的地方
在课堂数学知识的呈现过程中,我是否照顾了学生的感受?我的课是否为"一言堂"?学生是否有主动发现知识的机会?		
我是否在课堂教学管理中创设了问题情境引发学生探究问题的欲望?		
我是否明确指出了学习任务和沟通的目的?		
我是否在课堂学习活动中为学生的合作交流安排了时间和空间?		
我是否为提高学生的合作沟通技能做出努力?是否有效?		
学生在合作交流学习中是否学有所获?是否获得良好的情感体验?		

第四章 做题：小课题研究过程和方法

通过分析执教教师反思表（如表4-3所示）、学生的周记以及与学生交谈，总结如下：

（1）教师在课堂教学中基本能做到学生自己能发现的知识教师不代劳。

（2）教师能根据课程标准要求，深挖教材，创设有效的问题情境激发学生的问题探究欲望，学生的课堂注意力明显提高。

（3）教师能有计划地安排学生的合作交流活动和时间，并为提高学生的合作交流技能做出努力。

（4）学生的合作意识进一步增强，学生愿意沟通、乐于沟通，且基本能根据学习任务展开合作。

（5）学生逐渐适应学习团队的这种合作交流的学习方式，并且在与队员的合作交流中学有所悟，多数同学都获得良好的情感体验，越来越支持这种学习方式。

我们小结如下：

在本阶段，学生普遍都认识到合作沟通对于数学学习的重要性，且基本能自觉地投入学习团队的合作交流学习活动中，在团队学习中收获知识和技能，学习成绩和学习积极性都得到了明显的提高。但也存在以下问题：

（1）有的学习团队的合作交流过于表面化，看似热闹非凡的场面最终完成任务的只有队长一人。

（2）个别团队成员（特别是基础较薄弱的学生）不自觉，在合作时偷懒，做出一些如睡觉、看课外书等违反课堂规范的行为。

第三轮行动研究（11月—12月）——"互动的持续发展"课堂管理行为的具体操作：

（1）正确评价、适当激励，鼓励持续互动。

（2）鉴别、矫正问题行为，确保沟通的顺利。

表4-4　第三轮行动研究执教教师填写的反思表

反思内容	我的行为	要改进的地方
在课堂数学知识的呈现过程中，我是否照顾了学生的感受？我的课是否为"一言堂"？学生是否有主动发现知识的机会？		
我是否在课堂教学管理中创设了问题情境引发学生探究问题的欲望？		
我是否明确指出了学习任务和沟通的目的？		
我是否在课堂学习活动中为学生的合作交流安排了时间和空间？		
我是否为提高学生的合作沟通技能做出努力？是否有效？		
我是否对一些学困生的有效合作交流提供了帮助？是否减少了团队中"伪沟通"现象的存在？		
团队学习中过程性评价是否落实？是否有效？		
学生在合作交流学习中是否学有所获？是否获得良好的情感体验？		

通过分析执教教师反思表（如表4-4所示）、学生的周记以及与学生交谈，总结如下：

（1）教师能较熟练地在教材分析和学情分析后，根据学习共同体课堂管理行为模型的三大管理行为进行数学课堂的教学管理。

（2）学生能在学习团队的合作交流学习活动中收获知识和技能。

（3）教师对学习团队的正确评价激励着团队成员的持续互动，增强了团队的凝聚力。

（4）问题行为的克服为团队的合作沟通扫除了障碍。

（5）学生能在团队中互启、互补，完善自己的学习方法和知识结构，特别是优秀生和中等生在放开手脚自主探索中，学习热情和动手能力大大提高。

我们小结如下：

在本轮行动研究中，除了继续完善前两轮行动研究中实施的"互动的产生"和"互动的维持"的管理策略，还增加了"互动的持续发展"的管理策略，大部分学生能主动积极投入到学习团队的合作交流活动中，能通过活动收获知识、提高能力，完善自己的学习方法和知识结构。学生在获得愉快、积极、向上的情感体验的同时，数学学习成绩取得了突破性的进步。

3. 实施后总结提炼的操作策略

学习的发生依赖于"互动"，这种"互动"既包括了教师与学生的互动，也包括了学生与学生的互动，既有行为的互动，更应该有思想的互动，即学习共同体成员全方位的互动。而"互动行为"本身并不是课堂的自然产物，特别是有效的、高质量的互动行为需要我们教师精心的培育。跟所有的新事物一样，以"互动"为中心的教师课堂管理行为主要有互动的产生、互动的维持和互动的持续发展三类行为（见图4-3）。

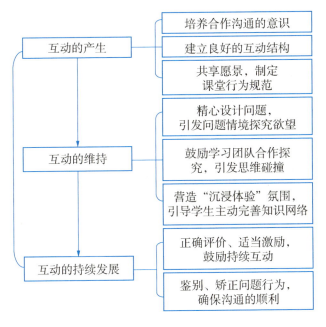

图4-3 以"互动"为中心的课堂管理行为结构

（1）"互动的产生"的教师课堂管理行为。

这类行为内部包含三个操作层面：

第一，培养合作沟通的意识。教师应该根据课堂管理目标，培养会学习、能通过合作沟通解决问题的人，即培养学生的合作沟通的意识。

第二，建立良好的互动结构。由于实行大班额教学，每个学生没有办法也没有可能在课堂上实现与班级内所有同学都互动一次，于是，教师要帮助学生按照一定层次组成不同的学习共同体——合作学习团队，建立起良好的互动结构。

第三，共享愿景，制定课堂行为规范。拥有共同的愿景，就拥有共同学习的原动力，在共同愿景的感召下，学习共同体成员才可能朝同一个目标迈进。共享愿景是学习共同体课堂"互动"产生的灵魂之作。

为了实现课堂学习共同体的目标，保证学习共同体的课堂活动有序地进行，还必须建立课堂行为规范，将课堂行为规范内化为共同体成员的情感体验和对现实情境的感悟，从而把课堂规范变成师生的惯常行为。

（2）"互动的维持"的教师课堂管理行为。

互动的结构建立之后，教师需要采取一定的措施维持互动的良好运行，提高学生合作交流的能力，从而促进学生更好地学习。这类行为内部包含三个操作层面：

第一，精心设计问题，引发问题情境探究欲望。只有教师精心设计问题情景，才能引发学生对问题情境探究的欲望，才可能引起学生互动的倾向。

第二，鼓励学习团队合作探究，引发思维碰撞。教师可以通过一系列促进学生主动沟通的策略，鼓励学生有效地合作沟通，从而引发学生的思维碰撞。其主要策略有：①明确合作交流的目的；②营造良好的沟通氛围，促进理解和信任；③培养有效的合作沟通技能；④在互相倾听中解决冲突，建立互惠合作关系。

第三，营造"沉浸体验"氛围，引导学生主动完善知识网络。

(3)"互动的持续发展"的教师课堂管理行为。

学生有了互动的基础,有了互动的能力,如果没有互动的激情,不愿意参与合作沟通,那么互动也就不能持续良好地发展下去。因此,互动的持续发展行为需要教师对学生:

第一,正确评价、适当激励,鼓励持续互动。这里主要指教师要结合过程性评价和终结性评价,给予学生公平、公正、肯定的评价,通过多角度、多方位的激励,激发学生内在的互动热情。

第二,鉴别、矫正问题行为,确保沟通的顺利。学生作为一个行为习惯和行为能力处于完善中的不稳定的个体,难免在课堂中会出现一些问题行为。这些问题行为可能破坏性很大,直接干扰了课堂的教学活动(如打架、发出怪声、捉弄别人等),也可能破坏性较小,对课堂教学活动影响不大或是只有局部影响(如看课外书、睡觉、摆弄文具等)。教学中无论出现哪一种问题行为,都会不同程度地影响学生学习的顺利进行,教师需要采取一定的措施加以矫正,以确保合作沟通的顺利进行,从而促进互动的持续发展。

以上三类行为相互依存、密不可分,共同推动着互动的发展。其中,互动的产生行为是前提,互动的维持行为是基础,互动的持续发展行为是实现目标的关键之作,三类行为缺一不可。想要娴熟、灵活、有效地进行这三类管理行为,教师还应该坚持以下四个方面的原则:

(1)对于整个学习共同体来说,教师所引导的成员之间的互动是围绕着教学重心和目标而展开的,同时又是以营造共同学习的学习氛围为课堂目标的。

(2)对于整个学习过程来说,应在一定的教学情境下完成对知识意义的建构过程。

(3)对于成员个体来说,互动行为是据其主观意愿而发出的,也就是成员发自内心的、主动的、积极的行为,其反馈也应该是针对对方的意愿而做出的。

(4)对教师来说,应始终把注意力放在学生身上,允许学生发表意见,并不断捕捉、分析、判断、重组信息,然后做出相应的应答、调控、点拨、评价，使得学生之间通过讨论、合作，对自己原有的知识和信息进行比较、分析、互补、修正、优化，形成更为丰富、综合、完善的新认识。

三、问题解决的效果

通过两个平行班的实践对照，收集实践数据，对结果进行分析，比较实践前后实验班和对照班的学生课堂学习合作交流状况、学习成绩以及实验班学生学习感受的变化情况，得出了一些有意义的结论；同时，通过实践结果的分析也验证了学习共同体的课堂管理行为的有效性。

1. 实践前后两个班合作交流状况的差异分析

实践前两个班合作交流状况无显著差异；实践后两个班合作交流状况有显著差异；实践前后实验班合作交流状况有显著差异（如表4-5所示）。

表4-5 实践前后两个班学生合作水平与数学成绩的差异分析（$\bar{x} \pm s$）

维度	实验班（$n=54$）	对照班（$n=54$）	t	p
合作交流状况前测平均分	2.95±0.95	2.97±0.95	-0.10	0.92
合作交流状况后测平均分	3.73±0.91	2.98±0.93	4.25	0.00
数学成绩前测平均分	106.22±10.87	106.69±10.57	-0.22	0.82
数学成绩后测平均分	68.26±21.56	57.13±18.11	2.91	0.004

通过数据分析，本研究发现高中数学教师通过学习共同体下的课堂管理行为能有效地改善学生的合作交流状况和大幅度地提高学生的数学学习成绩。

2. 实践前后两个班数学成绩的差异分析

为了解高中数学课堂学习共同体的合作交流活动对不同水平层次（按入学成绩分，118分及以上的为优秀生，105～117分的为中等生，104分及以下的为一般生）的学生的影响，对实验班和对照班再分层进行比较（如表4-6所示）。

表4-6 实践前后两个班三个层次学生数学成绩的差异分析（$\bar{x} \pm s$）

层次	考试	实验班（$n=7$）	对照班（$n=8$）	t	p
优秀生	前测平均分	123.43 ± 3.41	122.50 ± 2.39	0.62	0.55
	后测平均分	93.57 ± 10.21	73.88 ± 20.50	2.30	0.04
中等生	前测平均分	108.30 ± 5.35	108.61 ± 6.23	-0.21	0.83
	后测平均分	68.72 ± 19.00	53.87 ± 15.06	3.45	0.001
一般生	前测平均分	92.71 ± 6.24	94.27 ± 4.53	-0.77	0.45
	后测平均分	54.50 ± 20.22	54.93 ± 18.87	-0.06	0.95

实践结果表明，学习共同体下高中数学教师课堂管理行为能使三个不同层次的学生的数学学习成绩得到不同程度的提高。

3. 实践前后学生学习感受的变化

实验班的学生与对照班相比，整体面貌上有较显著的差异，实验班的学生无论在课堂学习还是在学校校运会、艺术节大赛等活动中都表现得更为活跃些，而且他们的自我学习能力、动手实践能力、积极发现问题的能力、合作交流的能力，以及在多方面的主动性、参与程度都表现得更为突出，这无疑与我们课堂教学管理方式的改革有很重要的关系。另外，实验班的学生更乐于助人，与老师也更为亲近，更懂礼貌，师生关系更为融洽。同时，在实验班学生的身上，我们还浓浓地感受到了一种生动活泼、主动向上的气息，这一点是我们在教学管理实践中最值得欣慰的地方。在与学生谈心和与学生数学周记的书面交流中，我们发现学生的学习感受都发生了极大的变化，给学生的数学学习带来了良好的情感体验，从而在一定程度上促进了学生更好地学习和更健康地成长。

4. 取得丰富的物化成果

结合行动研究撰写的论文《"悟"，数学学习的灵魂——学习共同体下〈同角三角函数的基本关系〉课例分析》《学习共同体下高中数学翻转课堂的实践研究》《学习共同体下数学的片段与反思》公开发表；《教学案例集》《学生作品集》记载了研究探索中的思考与心得，包括课堂合作学习片段摘录、数学书签展示、读书心得分享等，促进了教师教育教学思想的转变，提高了专业素养。

点评：

范老师正视高中数学课堂教学管理实践中的困境，同时受到学习共同体相关研究对课堂管理的影响的启发，提出在课堂形态的转型中研究教师课堂管理行为的必要性。在比较了传统课堂和学习共同体课堂的课堂管理的区别之后，对学习共同体以"互动"为中心的课堂管理行为进行了相关探索，采用凯米斯行动研究程序模式，在三轮的反思总结中完善以"互动"为中心的课堂管理行为相关策略，包括互动的产生、互动的维持、互动的持续发展等行为和八个操作层面，并通过比较实践前后两个班学生的合作交流状况、数学学习成绩，部分学生在实践前后学习感受的变化，在"计划—实施—观察—反思"行动研究中"收获了知识，收获了友谊，收获了快乐，收获了信心，收获了自由"。小课题研究强调将教育研究和教育实践活动融于一体，在具体的行动中开展研究，在研究中反思提升。

(五) 叙事研究：记录研究的心路历程

叙事研究法也许是教师最便于操作、最容易运用的研究方法。叙事研究是研究者以叙事或讲故事的方式对事件进行描述、分析、论证和反思的研究方法。其目的是从发生在自己身边的有研究意义和研究价值的事件中发掘隐含其中的思想、理论和信念，从而解释、发现或揭示事物的本质与规律。叙事研究法的操作要点之一是选择自己最心动的故事（事例），要点之二是有重点而生动地记录故事的经过，要点之三是简要写出自己的所得和所思。

案例 9　做一位优秀教师，不需要累死在讲台上①

学校召开感恩大会，讲演者是一位 30 多岁的老师，据说是从北京请来的教育专家。专家就是不一样，特会煽情，约有个把钟头，全校学生就都被"弄哭"了。让孩子们哭得一塌糊涂的这段主题是"感恩师长"。讲演者动情地说，孩子们啊，看看你们的老师吧，他们经常改作业忘记吃饭，备课一直到深夜，孩子生病顾不上管，自己生病坚持上课，晕倒在讲台，甚至献出可贵的生命（然后举例论证，有名有姓，有具体时间地点），有的辛苦奋斗了一辈子却连套房子都买不起！看看吧，日复一日，年复一年地劳作，粉笔灰染白了他们的双鬓，岁月的犁铧在他们脸上刻上了深深的皱纹云云。

我旁边的一位女同事开始哭泣。我一想自己此刻是因"劳累"和"贫穷"而被"示众"的，顿时如芒在背。尤其是看到一群孩子排着队一一上前向老师鞠躬，拥抱甚至哭倒在老师怀里，我心想：这是怎么啦？真的是先将老师推上神坛，再送上祭坛？

孩子们啊，你们是被深深地感动了。可是，我多想对你们说，我不需要你们这样感恩。

我，一个普通青年女教师，和我的同事们一样，自认为日子还算过得去，工作劳累是真的，但远不至于让我们累死在讲台上；我喜欢穿时尚点的衣服，做漂亮的发型，喜欢旅游，周末还常常约三五好友去餐馆小聚；我也有一个理想，做一名优秀的教师，有精深的专业知识，有开阔的人文视野，有深厚的理论功底；有童心，有诗心，有爱心；会驾驭课堂；我想和你们一起成长，一起超越，一起成就自我，教学相长，实现双赢。我认为，做一名专业技能过硬的老师远比做一名苦力式的老师有价值、有意义。累死在讲台上的也未必是优秀教师——把脑力劳动干成了体力劳动，其教学效果也是可虑的啊，而且，无视生命的背后常有着有悖常情的支配者。

孩子们啊，我不想你们把我们定格为寒酸悲壮的形象，带着同情的感

---

① 本文作者是开平市风采华侨中学徐书军老师，选用时略有编辑。

情底色来尊重我们、感恩我们。优秀教师的标本倘若真是这样，我情愿不做。但这只是隐忧，如果你们形成了这样的认识，我还能赢得你们的尊重和感恩吗？虽然我也是敬业爱岗的。

孩子们啊，我还想告诉你们，有些"专家"并不可信，他若真的是专家，何以在他眼里，教师最值得尊重和感恩的地方竟是教师的辛苦呢？我们的职业幸福感在哪儿呢？这种貌似尊重老师的背后是对教师职业的不理解，是对教师尊严的践踏。孩子们，你们注意到了吗？在演讲高潮迭起时，在你们的泪雨滂沱中，专家在不失时机地推销他的大作。孩子们，老师并不苛刻，并非不理解写书人的心愿，可是，即使不用苛刻的目光审视，还是看出了"醉翁之意"。

孩子们，一向嘻嘻哈哈的你们从此见到老师变得彬彬有礼了，"好管"多了，正如一位政教处领导说的"出现了我们期待的效果"。许多老师也说："每年开一次才好。"我在一旁听着，咽下了想要说的话，回来，一气呵成，写下了这篇文章。

点评：

这是广东省高中教师职务培训中的一份作业，是作者即兴写的一篇短文，点击率很高，留言评论很多。我特别赞赏这一类的作业，因为它是从作者心中流淌而出的，不是空话、大话、套话、假话，而是对事件的追问和思考，字里行间，渗透着作者的思考。在小课题研究中，我们提倡采用叙事的方法，记录发生在自己身边的有研究意义和研究价值的事件，概述自己的所得和所思，发掘隐含其中的思想、理论和信念，解释、发现或揭示事物的本质与规律。

（六）案例研究："解剖麻雀"——聚焦关键问题的解决

案例研究（case study）最早于1870年由美国哈佛大学法学院提出，其目的是为了在法律文献急剧增长的情况下使学生更有效地学习法律的原理原则。此后，案例研究作为一种教学方式被普遍应用于法律、商业、医学及公共政策等领域中。案例研究的另一个来源是医学、社会工作者和心理学工作者的个人描述，通常被称作"个案记录"（case work）或者"个案历史"（case history）。毛主席曾经形象地将案例研究法称为"解剖麻雀"，即通过对一个单一个体深入、全面的研究，来取得对一般性状况或普遍经验的认识。中华人民共和国成立以后，"解剖麻雀"一直是毛主席使用的研究中国社会和改造中国社会的基本方法，合作化运动、"人民公社"、工业学大庆、农业学大寨等，都有先通过"解剖麻雀"，认识特殊问题和基本经验，后进行普及推广的痕迹，其中所依据的理性方法，可以说都是案例研究方法。

案例研究方法是定性研究方法的一种。根据罗伯特·K.殷（Robert K. Yin）的观点，相对于其他定性研究方法，案例研究方法有如下优点：①研究的目标与范围比较容易确定，因此在时间与精力相同的情况下，案例研究能够使人们对研究对象做更加集中的研究；②案例研究收集资料的渠道比较丰富，研究的手段也比较多样化。案例研究可以采取访谈、（历史）资料分析、直接观察等方式收集材料；③案例研究能够使读者更加清楚地把握特定事件的细节与重要的因素。同时，案例研究也能有助于读者对相似的案例进行相应的分析与判断。

罗伯特·K.殷认为，案例研究程序可以分为四个步骤：①分析所要研究的问题。由于案例研究方法的适用范围是有限的，因此，必须先分析所要研究的问题是否适合运用案例研究；②提出假设。提出假设可以使你关注所要研究的问题，不会滑向无关的东西；③确定分析单位。这个分析单位可以是个人、组织或者一些更难界定的主体；④连接数据与假设，解释研究成果的标准。

案例研究是特别适合教师使用的一种方法，在小课题研究过程中，我们倡导撰写教育案例。教师撰写教育案例的过程也是一个培养问题意识，改善思维品质的过程；一个建构个人知识，生成教育智慧的过程；一个分享彼此经验，促进共同成长的过程。①

---

① 闫德明、费伦猛：《如何撰写教育案例》，现代教育出版社 2009 年版。

案例 10　一个课堂教学案例的开发与撰写过程[①]

《在全班讨论中，他站在学生的……》这篇案例的开发与撰写是基于一次偶然的机会。有一次，我区语文特级教师曹慰年提到了他带的一个"弟子"江荣斌老师在初中语文教学中进行了一些改革尝试，效果很好。当时我们刚好在做课题"课堂教学案例开发与编制的理论与实践研究"，正在为寻找合适的案例素材而发愁，听到这个消息，兴奋异常，当即决定对他的课堂教学活动进行研究，从中选择适当的内容，编成案例，完成课题研究任务。

一、案例素材搜集的途径——实录、访谈

一般来说，课堂教学案例素材的组成主要有两个方面的内容：课堂教学实录内容和访谈内容，将这两个方面的信息进行综合，就形成了课堂教学案例的基本素材。

课堂实录是案例素材主要来源。在《在全班讨论中，他站在学生的……》这篇案例素材的搜集中，为了解更多的背景材料，使案例的素材更丰富，在案例编写之前，我们首先争取尽量多地听江老师的课，充分感受他的教学风格和特色，为选择和确定案例主题提供更多的依据。在案例素材采集的近两个月里，我们听了七八次课，每次听课都进行了课堂实录。在课间，我们还利用各种机会与江老师的学生交谈，了解一些学生的基本情况及教学反馈信息。在课后，我们每次都与江老师进行深入研讨。这其中许多内容后来就成了案例的有机组成部分。

访谈的内容是案例素材重要补充。如《在全班讨论中，他站在学生的……》案例中，关于学生上课发言积极性的原因的原始素材并不是发生在当时的课堂上的实录，而是我们在课间与学生交谈时获得的信息，由于案例内容的需要，我们将这部分内容放到了案例背景部分。

[①] 本文作者是吕洪波等。选自《上海教育科研》2003 年第 6 期、2004 年第 8 期，选用时略有编辑。

在这个案例中，我们在几次的听课、评课中，始终是以一种平等的、朋友式的身份与江老师研究、探讨一些问题。在轻松、愉快、和谐的氛围中，江老师向我们充分敞开他的心扉，我们了解到了更为真实的江老师。

二、案例素材分析与整理的重点——确定案例主题

案例的主题是案例的灵魂和核心。

在比较多地了解了江老师与他的学生的情况后，征得江老师的同意，我们摄录了江老师完整的一节课——《死海不死》。然而，由于事先没有明确的案例主题，当面对着厚厚一叠课堂实录和访谈、研讨资料时，如何取舍信息、寻找主题、确定主题呢？

课堂教学改革的内容丰富多彩，但一个案例总是围绕某一方面问题展开，不可能面面俱到。通过对获得的所有案例素材进行分析，我们感到在江老师的课堂教学中，至少有以下几个方面很有特色，可以形成案例：①课堂教学中对学生语文学科成绩的评价问题；②课堂教学组织形式的改变，由集体教学为主变为小组合作学习为主；③课桌椅排列方式的改变，由"秧田式"变为"小组围坐式"；④课堂教学方法改革，由教师"满堂灌"变为学生讨论发言为主，学生课堂讨论时可以无须举手，想说就说，等等。

以上哪一个方面可以成为案例主题选择的内容呢？我们进行了反复多次的比较与分析，最终决定选择课堂教学方法的改革作为案例主题的选择基础。然而，在课堂教学方法的改革中也涉及许许多多方面的内容，这个案例要表现哪一方面的内容呢？

在这篇案例的撰写中，选择和确定案例主题的过程是一个相当艰苦和漫长的过程。在事先并未确定案例主题的前提下，只能从事件的过程中寻找主题。在江老师的这一节课上，我们发觉他的成功与问题都存在于课堂讨论这个内容上，课堂讨论又包括课堂讨论的组织、课堂讨论的形式等，江老师在组织教学活动中，感到较为得意和困惑的是全班讨论的组织，特别是教师在其中的地位和作用的问题。由此经过反复分析，"层层剥笋"后，最后选择了"教师在全班讨论中的介入时机"作为本案例的主题。

三、案例写作手法——课堂教学实录和访谈内容转换到课堂教学案例

将课堂教学实录内容和访谈内容转化为案例的写作过程，是对实录内容进行编辑、加工的过程，是案例的进一步开发过程，是一个"再创造"的过程。在这个过程中，关键问题仍然是突出案例主题、体现事件矛盾冲突，只有这样才能使案例的典型性得以进一步凸显出来。

以下是《在全班讨论中，他站在学生的……》这篇案例中实录与案例对照的片段，以此为例阐明从课堂教学实录到课堂教学案例的转写。

课堂实录：

（3分40秒后学生开始有讨论的声音，在这之前教室里很安静，读课文实际上是默读，老师巡视）（共7分33秒）

老师：好！（拍手示意停下来，马上有两位同学站起来）先请同学发言，其他同学要补充的，待会儿再各抒己见，但是一定要先听好别人是怎么说的。

学生：课文首先介绍死海的地理位置，然后介绍死海得名的原因，接着说死海不死的原因在于死海中含有大量含盐的矿物质，最后介绍死海的形成是在约旦和巴勒斯坦之间南北走向的大裂谷的中段，死海的源头主要是约旦河，河水含有很多的矿物质。河水流入死海，不断蒸发，矿物质沉积下来，经年累月，越积越多，便形成了今天世界上最咸的淡水湖（其他同学马上纠正是咸水湖）。对，咸水湖——死海。然后，几十年前人们在死海周围修建了一些游乐设施，利用死海治病。最后说由于死海的蒸发量大于约旦河输入的水量，造成水面日趋下降，所以说，死海再过数百年后也可能干涸。

（有几个同学站起来要发言）

老师：女士优先。

女生：第二部分，说死海不死就是因为死海寸草不生，但人们能自由游弋，紧接着分析这种现象，是因为它的浮力很大，是因为海水的盐度高，紧接着通过列数据的方式，来说明海水里面含有多种矿物质，它们的含量很高。还有就是说死海的形成，他忘记说的一点就是是从科学角度说明。（话音刚落，人还没有坐下，马上有几个同学站起来要求发言）

男生1：他刚才说死海得名的原因是造了许多游乐场，这不是主要原因，死海得名的真正原因我认为是死海周围没有鱼虾水草，海边也寸草不生，这才是它得名的主要原因。（话音未落，已有本组的另一位男生站起）

男生2：不是建造了游乐场和工厂才闻名的，我觉得是因为闻名了才去建游乐场和工厂，还有我要补充的是：最后一段是死海的前景，就是死海充满了危机，要我们呼吁人们要保护它。

以上课堂实录转换成案例为：

开始教室里很安静，所谓读课文实际上是默读。几分钟后，渐渐有了讨论的声音。估计小组讨论的内容已经完成，江老师拍手示意停下来，准备开始全班讨论。他首先提出讨论规则，要求"一定要先听好别人是怎么说的，其他同学要补充的，待一会儿再各抒己见"。他的话音刚落，马上就有两位同学同时站起来要求发言，看来同学们讨论的积极性提高了不少。

小A：课文首先介绍死海的地理位置，然后介绍死海得名的原因，接着……

小A滔滔不绝地讲完，还未等他坐下，就有几个同学同时站了起来，其中有一位男生小B，他与小A是同组的，不知是老师没有注意到，还是为了坚持另外一条讨论规则，只见他微笑着说："女士优先。"

站起来发言的女生小C对小A的观点进行了补充。

她的话刚一说完，马上又有几个同学站起来要求发言……几个同学此起彼伏的争相发言，标志着全班讨论高潮的到来，尽管发言的内容主要是补充和纠正。

小D（男生）：他刚才说死海得名的原因是造了许多游乐场，这不是主要原因，死海得名的真正原因我认为是死海周围没有鱼虾水草，海边也寸草不生，这才是它得名的主要原因。

小D的发言好像离开了老师的要求，按照要求讨论的内容是"作者是怎样介绍死海的，文章的思路是怎样的"，而他在探讨死海得名的原因。我们看了看江老师，他仍然在专心地听同学们的发言，并未制止。由于他的发言，使后面的讨论有些"跑题"。

本组的另一位男生小 E：……

小 F（女生）：……

从以上实录与案例对照的片段中，我们认为：

（1）实录和案例在写作模式上是有区别的。从理论上来讲，实录和案例在写作中表现为两种不同的写作模式，实录是真实记录，不折不扣的真实性是它的显著特点；案例是故事描述，突出主题是它的特点。将课堂教学实录转化为案例的写作过程，是对实录内容进行编辑、加工的过程，在这个过程中，要突出主题、体现矛盾冲突，尽量使案例具有典型性。在课堂教学案例写作中，避免以实录代替案例。

（2）案例的撰写要求作者将现场观察到的信息与感受进行恰当的表达。由于案例强调真实性，在案例撰写中，要求案例撰写者亲临故事现场，采集素材编写案例。因此，在案例的撰写中也就有可能把作者在现场观察到的信息和内心的感受恰当地表达出来。如以上案例片段中"其中有一位男生小 B，他与小 A 是同组的……我们看了看江老师，他仍然在专心地听同学们的发言……"其中的"小 B"与"小 A"同在一个小组、江老师专心致志听同学发言等情境，就是我们在课堂上当时观察到的信息。再如几个同学此起彼伏的争相发言，标志着全班讨论高潮的到来，尽管发言的内容主要是补充和纠正。这也是案例与实录在写作上的一个区别点，显然，实录中不会有"标志着全班讨论高潮的到来"这样的描写。

在课堂教学案例中，尽管案例撰写者可以将自己在现场的一些感受进行描写，但是对于现场的描述一定要客观，不能带有明显的主观倾向，更不能进行情感的宣泄。如在上面的案例中，如果将"我们看了看江老师，他仍然在专心地听同学们的发言，并未制止"改为"他不制止同学的发言是不对的""他没有及时制止同学的发言，我真是着急"，就必然带有了明显的个人主观倾向和情感成分。案例是对故事的真实客观的描述，不同的读者可能会对同样的事件有不同的理解和感悟，作者不能用自己的观点去影响读者。事实上，也许有的读者会认为江老师不去制止是对的。

（3）与实录相比，案例的内容是有选择的，是进行了适当调整和加工的。在课堂教学案例内容的选择上，取舍的原则是突出案例主题，再现矛盾冲突。如《在全班讨论中，他站在学生的……》案例中，为了表现同学们争先恐后积极发言的场面，案例作者对每位发言的同学都进行编号并在案例中出现，但是发言的具体内容并非本案例所需要的，因此许多地方用"……"省略掉，以突出主题。如"小A：课文首先介绍死海的地理位置，然后介绍死海得名的原因，接着……""本组的另一位男生小E：……"

（4）在课堂教学案例的编写中，为了使案例主题更加鲜明，还应当充分使用访谈素材。如下面所附的《在全班讨论中，他"站"在学生的……》案例中，有一段这样的描述："今天这节课是讲读课《死海不死》的第一课时，江老师想通过这个小小的实验，让同学们了解在一篇文章的写作中，如何准确、生动地表达一件事情，进而了解作者的写作思路。显然，这节课的重点不是做化学实验，因此，江老师特意选择了一个简单的实验，使学生可以比较顺利地完成。"这段描述告诉了读者江老师这节课的教学目标及设计构想，但素材内容是在访谈中获得的。

（5）课堂教学案例中的反思是案例的一个重要组成部分。案例反思部分在尽可能多地挖掘故事中教育学意义的同时，应当避免偏离主题，反思些与主题无关的内容。对于课堂教学案例而言，反思的内容可以是关于教学内容的问题、学生思维发展的问题、教学方法问题、班级课堂管理问题、师生关系问题等。

附：

在全班讨论中，他"站"在学生的……

一天下午，秋雨绵绵，在上海市区偏西部的一所普通初级中学，第一节课的上课铃声还没有响，初三（3）班里传出一阵阵拖拉课桌椅的声音，和往常一样，同学们正在把课桌椅摆放成小组围坐的方式，准备迎接他们喜爱的语文课。稍有不同的是，今天在教室的后面坐着我们几位区教育学院的听课老师，而同学们除了礼貌地为我们让路、搬椅子外，并未感觉到有什么过多的拘束，甚至他们的江荣斌老师走进教室时，也没有使他们的说笑停止。

江老师是一位年轻的语文老师，30岁，从华东师范大学毕业只有九年，虽然在一所普通的初中任教，但他勤奋好学、刻苦钻研、力求上进，已经成为学校的一名骨干教师，并形成了自己独特的教学风格，在区内小有名气。

江老师任教的班级是这所学校极为普通的一个班级，在他刚接这个班的时候，遇到了许许多多老师都可能遇到的难题——作为普通中学的学生，同时又是正处于青春期的初中生，他们已不像小学生一样在课堂上积极举手、踊跃发言了，而老师又很希望听到同学们的发言，这样可以比较多地获得反馈信息，以便及时对教学活动进行调整和补充。如何才能调动学生课上主动回答问题的积极性、激发他们积极的思维活动？江老师苦思冥想，他想出一招，决定试一试。他将同学们分成几个小组，上课时以小组为单位围坐在一起；他还将同学们在课堂上回答问题、积极发言的表现与期末考试成绩挂钩，即考试成绩只占总成绩的70%，平时发言情况占30%，并通过墙报张榜的形式，将各组发言情况张榜公布，开展小组间的竞赛。结果同学们课堂上回答问题的积极性越来越高，到现在，他们在课堂上争相发言、激烈讨论已成为习惯，而且发言的目的也不再仅仅是为了争到30分，甚至更多的积分，我们曾问他们："你们为什么要在课堂上抢着发言、回答问题？"他们说："我只想把自己的想法说出来。"问："为什么要抢着说？"回答："不然的话，别的同学会抢先说出来……"

第一篇章：他"站"在学生的前面

"同学们好！"

江老师的话把我们的思路拉了回来，他手里拿着一个搪瓷小盆和一个一次性水杯，在小盆里还有鸡蛋和一些食盐。他先请一位同学根据提供的材料，做了一个让鸡蛋浮起来的简单实验，并提醒其他同学注意仔细观察实验过程与现象、思考实验原理，准备进行口头描述。

今天这节课是讲读课《死海不死》的第一课时，江老师想通过这个小小的实验，让同学们了解在一篇文章的写作中，如何准确、生动地表达一件事情，进而了解作者的写作思路。显然，这节课的重点不是做化学实验，因此，江老师特意选择了一个简单的实验，使学生可以比较顺利地完成。

在实验完成之后，江老师提议同学们在小组内讨论，对所观察到的实验过程、现象以及实验原理进行描述。

由于是围坐式，小组同学可以很方便地开展讨论。在叽叽喳喳讨论了大概10秒钟后，一位男生站起来发言，他用所学到的物理知识只对实验的原理进行了说明。

老师：他的回答是否符合江老师的要求？

学生：不是。

这时，隐约听到有的同学在小声说"是"。大概是刚刚开始上课的原因，同学们的发言不够积极，不然的话，反对的同学一定会马上站起来进行反驳。在讨论不够激烈的时候，江老师感到需要想办法调动起他们的积极性。因此，当一个男生站起来讲"他没把过程和现象说出来"的时候，江老师马上接着问："他只是说了原理，整个实验的过程和现象没有描述，是吧？那么你来试试看。"

学生：先在水里放了许多盐，然后充分搅拌，再把鸡蛋放在盐水里，鸡蛋就浮了起来。

老师：其他同学还有没有补充？

一位男生又站起来进行了简短的补充。老师对同学们的实验过程的表述进行总结后，提醒同学们注意语言表达的生动性，以及了解课文写作的思路，然后引出课题——《死海不死》。

第二篇章：他"站"在学生的背后

接下来，在字词学习后，江老师提出了新的要求。在自读一遍课文的基础上进行小组讨论，讨论的内容包括作者是怎样介绍死海的、文章的思路是怎样的、文中运用准确的词语有哪些等。

开始教室里很安静,所谓读课文实际上是默读。几分钟后,渐渐有了讨论的声音。估计小组讨论的内容已经完成,江老师拍手示意停下来,准备开始全班讨论。他首先提出讨论规则,要求"一定要先听好别人是怎么说的,其他同学要补充的,待一会儿再各抒己见"。他的话音刚落,马上就有两位同学同时站起来要求发言,看来同学们讨论的积极性提高了不少。

小A:课文首先介绍死海的地理位置,然后介绍死海得名的原因,接着……

小A滔滔不绝地讲完,还未等他坐下,就有几个同学同时站了起来,其中有一位男生小B,他与小A是同组的,不知是老师没有注意到,还是为了坚持另外一条讨论规则,只见他微笑着说:"女士优先。"

站起来发言的女生小C对小A的观点进行了补充。

她的话刚一说完,马上又有几个同学站起来要求发言……几个同学此起彼伏的争相发言,标志着全班讨论高潮的到来,尽管发言的内容主要是补充和纠正。

小D(男生):他刚才说死海得名的原因是造了许多游乐场,这不是主要原因,死海得名的真正原因我认为是死海周围没有鱼虾水草,海边也寸草不生,这才是它得名的主要原因。

小D的发言好像离开了老师的要求,按照要求,讨论的内容是"作者是怎样介绍死海的,文章的思路是怎样的",而他在探讨死海得名的原因。我们看了看江老师,他仍然在专心地听同学们的发言,并未制止。由于小D的发言,使后面的讨论有些"跑题"。

本组的另一位男生小E:……

小F(女生):……

小G(女生):……

小H(女生):我补充小D,第二节写死海不"死",最后一句话写死海真的要"死",这两句话前后照应,使文章结构很紧密,首尾呼应。……

直到此时,这个女生的发言才将主题拉了回来。

同学们的发言热闹非凡，江荣斌老师时而微笑点头、时而紧皱眉头。在这次讨论的最后，江老师笑着说："好的！看我都插不上嘴了。"（这句话也引起了我们不少的思考）在确认其他同学还有没有要补充发言之后，江老师边讲边板书，把同学们的发言进行了大致的概括，特别是对文章的写作思路进行了清晰梳理，将学生的思路拉回了主题。

第三篇章：他"站"在学生的中间

在江老师进行概括小结的时候，女生小C一直在若有所思，她未等老师把话说完，就站了起来。

小C：老师，死海是一个咸水湖，那为什么要说是海呢？

老师略迟疑了一下，显然这个问题有些出乎意料。学生没有按照老师预先设计的思路进行思考，突然冒出了新的问题，江老师将如何处理？

江老师：就是为什么要称为海？（老师也要思考一下）这个问题谁来帮助她一下？这是地理学上的知识。

同学们在思考，与前面的争相发言形成鲜明的对比，看来这个问题对于同学们来说，也是出乎意料的难题。大约6秒后，老师叫起男生小J。

江老师：你说呢？

小J（男生）：海也是对湖的一种称法。

他的眼睛看着提问题的那位女生小C，似乎在问是否满意他的回答。

小C（女生）：如果这样的话，那干吗还要分江河湖海呢？索性全都叫海好了。

小J不好意思地微笑着坐下。

老师：我个人的看法是这是不是人们的一种习惯说法。比如我今年去了一次云南……

江老师以一个普通讨论者的身份加入同学们的讨论。

小C（女生）：这些海都是水域的名称，但是作为一篇文章，尤其是作为一篇说明文，应该是很严密，很有科学性的，而不是胡乱猜测乱写的。

她把这个问题看得非常重要。

老师：她觉得既然说明文讲究科学性，它本身这个死海就不具有科学性，不能称为死海。

小C（女生）：……

小L（男生）：……

小C（女生）：……

她一直在很执着地坚持这篇文章中的海的叫法必须有科学性。

经过老师和同学们的讨论，最后老师对同学们的批判怀疑精神和认真执着的学习态度进行了肯定，同时也坦言了自己在此类问题上的知识不足，然后转身走向讲台，带领同学们开始下面的教学。

他们的讨论在继续、争论在继续、思考也在继续……

尽管这节课并非十分完美，然而，我们仍然可以从中感受到课堂上师生之间、生生之间的平等与合作，感受到学生驰骋于辽阔的思维空间的无比喜悦。这种"无须举手、有话就说"的课堂教学行为，张扬了学生的个性，调动了学生学习的积极性和主动性，真正把课堂还给了学生，学生和老师共同成了课堂的主人。

点评：

吕老师从如何搜集案例素材、如何确定案例主题、如何将课堂教学实录和访谈内容转换到教学案例等角度，真实还原了《在全班讨论中，他站在学生的……》这篇案例的开发与撰写过程。这篇案例虽然写作者不是案例当事人，但案例的采集和写作的过程，也是写作者与案例主人公共同发展的过程，理论研究者与行动者得到了共同的提升。

（七）课堂观察：走向专业的听评课

《辞海》将"观察"解释为：有计划、有目的地来观察现象的方法，是对某个对象或事物有计划的知觉过程，常与积极的思维结合。有效的观察需有具体而明确的观察目的，以及关于所观察对象的一定的预备知识，对客观事物的分析与综合能力，记录和整理材料的具体方法等。《现代汉语词典》将其解释为：仔细察看。作为一项教师专业能力的课堂观察，其含义显然是《辞海》中所解释的那样，即观察者（研究者，也可以是执教者）带着明确的目的，凭借自身感官及有关辅助工具（观察量表、纸、笔、录音录像设备等），直接（或间接）从课堂上收集资料，并依据资料做相应的分析、研究。

教师行为观察研究以课堂观察为核心。课堂观察源于西方的科学主义思潮，作为一种研究课堂的方法，发展于20世纪五六十年代。典型代表为美国社会心理学家贝尔思于1950年提出的"互动过程分析"理论，其开发了人际互动的12类行为编码，并以此作为课堂中小组讨论的人际互动过程的研究框架。从20世纪70年代开始，质性研究方法开始走入课堂观察。完整的文字描述呈现了课堂全貌，使原本被剥离出来的课堂事件、课堂行为回归情境本身，从而研究者利用个人经验可以更好地理解、诠释课堂。

华东师范大学崔允漷教授认为，比较有质量的课堂观察就是一种研究活动，它将研究问题具体化为观察点，将课堂中连续性事件拆解为一个个时间单元，将课堂中的复杂性情境拆解为一个个空间单元，透过观察点对一个个单元进行定格、扫描、搜集、描述与记录相关的详细信息，再对观察结果进行反思、分析、推论，以此改善教师的教学，促进学生的学习。

课堂观察法在小课题研究过程中发挥着不可替代的作用，教师的课堂观察是促进教师专业发展的重要途径之一。一方面，课堂作为教师教学的主阵地，是教师从事研究的宝贵资源，课堂观察促使教师由观察他人课堂而反思自己的教育理念和教学行为，感悟和提升自己的教育教学能力；无论是观察者还是被观察者，无论是处在哪个发展阶段的老师，都可以根据自己的实际需要，有针对性地进行课堂观察，从而获得实践知识，汲取改进自己教学的技能，提升自己的专业素养。另一方面，由于课堂观察的专业性——它不是为了评价教学，面向过去，在观察之后对被观察者评出三六九等，而是为了改进课堂学习、追求内在价值，面向未来，在观察的整个过程中进行平等对话、思想碰撞，探讨课堂学习的专业问题，因此，课堂观察是一种行为系统、一种研究方法、一种工作流程、一种团队合作。课堂观察对改善学生课堂学习、促进教师专业发展和形成学校合作文化等都有着极其重要的意义。

　　课堂观察作为我们教师最常见的一种专业行为，很多教师"视而不见"；作为我们教师最普适的一种研究课堂的方法，很多教师却"知之甚少""漠视处之"。为了进一步深化小课题研究，我们主要针对目前"听评课"现实问题（如传统的听评课中讲人情、顾面子，流于形式，为听课而听课，为评课而评课，评课经验型，听评课缺乏专业性评价，效益不高等），促进教师有效开展"质性分析＋量化诊断"听评课活动，进行基于"证据＋数据"课堂分析，促使教师从"听课—评课—观课"到"议课—课堂观察"的转变中，提升听评课实效，从而达到有效主题教研、改进课堂教学的目的。在课程改革和教师专业发展的双重语境下，课堂是开展小课题研究的主渠道，课堂观察成为教师开展小课题研究的最主要方法。所谓课堂观察，主要是指教师或者研究者通过感知器官或者借助一定的工具，有目标、有计划地关注课堂情境中的教育问题（现象或行为等），旨在进行诊断分析和提出改进建议。①

案例 11　我拿听课老师当模特儿②
——《教室里的不速之客》作文指导课的课堂实录与评析

　　（上课铃声已经响过，我已着手评点同学们上次的作文。突然，一位女老师带着一位男同志悄悄进了教室，坐在了最后一排的一张空桌上。于是，我对教学进行了调整）

---

　　①　参见费伦猛：《如何做课堂观察——中小学教师基于课堂观察的课例研修多维解读》，吉林大学出版社 2014 年版。
　　②　本课执教为泸州市二太街小学刘琼老师，评析为泸州市江阳区教研培训中心熊生贵。选自 http：//xiongshenggui.blog.zhyww.cn，选用时略有编辑。

一、考"变化",激发写作兴趣

【教学场景1】

师:同学们,你们经常为写作时找不到材料而头痛,其实,生活是作文的源泉,只要大家留心观察,就一定会找到习作的好材料,今天老师就来考一考大家的观察能力怎么样?

生:好。

师:怎么声音不够大,信心不足,到底好不好?

生:好!

师:首先我要考一考大家,今天我们的教室有什么变化?好好用眼睛找一找,然后用一两句话把自己的发现概括地写在作文本上,当作我们今天这篇作文的开头,时间3分钟。

(学生们东张西望,寻找变化,然后埋头写作,有的在咧嘴笑。老师不时提醒学生抓紧时间)

【观察与评析1】:教室里来了一位不速之客,这位客人是谁?这似乎不重要。重要的是,刘老师随机应变,对教学的预设进行了调整,上起了一堂作文课。真实的场景,一下子就激发了学生的兴趣,没有一个学生是不愿意写的。

【教学场景2】

师:谁先来念一念自己的发现。

生1:咦,今天我们班怎么来了一个"新同学"?(笑声)就是年龄大了一点,好像有三十多岁……

师:"新同学"这个词语,用得有点幽默!很符合李毅同学的风格。

生2:"叮……"上课铃响了,老师一上课就让我们观察教室里有什么变化,我们立刻东张张,西望望,哈,我发现了,不知什么时候,我们的教室后面坐了一位"不速之客"。他怎么进来的?一点声音都没有,真是神不知,鬼不觉……

师:观察得真仔细,不仅看到了变化,连周围人物的反应也写了进去。

生3:上课后,我看见谭老师领着一位背着一个黄背包的叔叔走进来,坐在教室后面的空桌旁边，不少同学都回过头去，把目光投向他，眼睛里充满了好奇，这位神秘人物的出现，使平常凶神恶煞的刘老师变得非常温柔可亲，他究竟是何方神圣？（笑声）

生：我反对，刘老师平常就很温柔可亲，他乱写，不符合事实。

师：谢谢你给我"平反"，不然我也要申诉。不过——如果他一定要用上"凶神恶煞"这个词怎么办？给他出出主意。

生：可以把这个词加上引号，表示不是真的。

师：真聪明，这样就属于夸张的描写手法了。所以同学们在写这种纪实类作文时，一定要注意内容的真实性，不能违背事实。

……

师：同学们真了不起，虽然都是写教室里的同样一种变化，写出来却有这么多种花样，各有各的特色。

【观察与评析2】这个班的学生善于观察，很快就捕捉到了应该捕捉的观察对象，进行了真切的瞬间描写。学生整体上都显得很有灵气，风趣幽默，课堂气氛活跃。仅就这一开头的写作点评，就可见教师的作文指导水平，无论是对写得好的肯定，还是对写作有欠缺的指点，都恰到好处。至此，连那位不速之客也觉得有趣了。

二、抓"特点"，培养观察能力

【教学场景3】

师：接下来，请同学们仔细观察我们教室里的这位不速之客，看看他的外貌、动作、神态是怎样的，有什么特点，然后用一大段话写下来，一会儿我们来比比谁抓的特点最准，时间6分钟。

（为了方便学生观察，客人大步走上了讲台，当起了模特儿。同学们有的边看边写，有的边观察，边嘴里念念有词，有的互相小声议论，老师巡回指导）

【观察与评析3】至此，客人也明白了刘老师的意图，干脆大方地充当同学们写作的模特儿。有趣的是，他上台后还摆出了一个利于学生观察的造型——在讲桌右侧站好，将挎包挂在左肩膀上，左手拿本子，右手书写着。

第四章 做题：小课题研究过程和方法

【教学场景4】

师：大家写作时要注意抓住人物与众不同的地方，怎么看就怎么写，动作要快，才好最先申请自己的"专利"，动作慢了的，机会可就会失去的。谁最先写完，就先念给大家欣赏……

生1：这位新来的帅哥，身穿一件黄色上衣，背着一个土黄色的大背包，有一双浓眉大眼和一张樱桃小嘴，就是有点瘦……

（不少学生哈哈大笑）

师：你们笑什么？

生：他"樱桃小嘴"这个词用得不对，这个词是用来描写女性的，叔叔可是男性。

师：所以，同学们在抓住人物特点的同时，还应注意用词要准确，要符合人物的年龄和身份，不然就会闹笑话。

生2：这位叔叔穿着黄色外衣，里面有一件红衣服，下边穿着黑色长裤，一双擦得发亮的黑皮鞋，一个褐色挎包挂在左肩膀上，用一个词可以形容——帅气十足！……（笑声）

师（插话）：同学们注意李毅同学这段描写有什么特点？

生：他是按从上到下的顺序描写的。

生：他全部在写衣着的颜色特点。

生：他这段的总体描写顺序是从部分到整体。

师：对，所以我们要像他一样，注意观察和写作顺序。

生2（接着念）：……这位叔叔，不，帅哥！手里还拿着一个本子和一支笔，不停地写着什么，表情有些严肃。

师（插话）：他现在描写了人物的——

生：动作和神态。

师：你听了别人的文章后，觉得自己的文章是否有没有写到的地方，可以边听边修改。

（接着让其他自愿发言的学生继续交流习作片段，互相评议，老师不失时机地指导。略）

【观察与评析4】生动、活泼、有趣的写作交流与互动、评点的过程。

97

优秀的老师与优秀的同学，让不速之客也时时为之动容，不禁哑然失笑。

三、猜"身份"，训练心理描写

【教学场景5】

师：接下来，我们将进入第三个环节，请同学们猜猜这位不速之客是什么身份，来这里干什么？你还有什么疑惑，都可以一并写入你的文章中，怎么想就怎么写，时间4分钟。

……

【观察与评析5】：由外在的观察，引向自己的内心独白，写作指导逐步深入。是呀，猜测不速之客的身份多有意思呀！此事正是学生真实的疑惑，"心有所思，情有所感，而后有所撰作"，我手写我心，再容易不过的事。

【教学场景6】

师：交流开始。

生1：看他这么强壮的身体，是打拳击的吗？背那么大一个包，又像修电器的工人？正好我们教室的荧光灯坏了。（笑声）他总是拿着一支笔和一个本子，是不是教师呀？他到底是干什么的呀？真是一个身份难猜的人。

师：吴翔同学把自己心理活动的过程描写得很细腻。

生2：……咦，会不会是刘老师的老公呢？不可能，他俩没有夫妻相……（笑声）

师：同学们可得注意想象要有依据，一定要符合现在是课堂这一特殊的实际情况。

生3：他到底是谁？是来学校实习的老师吗？好像年龄大了一点，以前来的实习老师都很年轻。还是将来会给我们上课的某科老师？……

师："林泳利同学的心理分析注意考虑到了人物出现在教室里、课堂上这一特殊的环境，也就增添了真实性。"

生4：……他背个大包，像个邮递员；他右手拿着一支钢笔，左手拿着一个本子，又像是个作家；难道他是电视台的记者，来采访我们五（二）班的学生，或是像杨红樱那样的作家到校园来收集写作材料？……

师：王琰同学边观察特点，边分析人物的身份，有理有据，很有说服力。

生5：……突然，教室后面闪过一道银光，我来不及细细观察，这光便消失了，对，他一定是个节目主持人，不然怎么会有闪光灯呢？我便转过头去，寻找摄像头，可怎么找也没有呀，真怪，他是什么人呢，我想了好多，就是想不通。

师：看，李潇同学很注意联系实际来展开想象，一道稍不注意就会溜走的闪光——那是刚才学校谭老师来照相——被他敏锐的观察力捕捉来当作想象的依据，同学们可得好好向他学习。

【观察与评析6】：学生交流很踊跃，描写细腻，妙语连珠。教师的点评十分精当，无论激励与引导都极富针对性，因材施教。交流的过程成了师生深入研讨、相互学习借鉴的过程。

【教学场景7】

师：同学们对这位不速之客的身份充满了疑问，现在我们就来当当小记者，把这个秘密解开。

（学生纷纷举手采访客人，客人也很大方地接受采访）

生1：叔叔，请问，您叫什么名字？

客人：我的名字对你来说很重要吗？

生1：是的，因为我想记住它，好与你交朋友。

客人：我姓熊，你们就叫我熊老师吧！

师（提示）：同学们请注意采访时，一定要问的是你最想弄明白的问题。

生2：叔叔，您到底是做什么的？

客：我在江阳区教师培训中心工作，应该算是你们老师的老师。

生：哇！老师的老师！（学生在下面低语，都脸露惊奇的神色）这么年轻，不像……

师：对，他真的是老师的老师，现在我们欢迎熊老师给我们大家讲话。

……

【观察与评析7】：真实的情境，富有情节性，一直牵动着学生好奇的心理。利用这种悬念，教师给学生提供了一个口语交际的机会。一波三折的悬念至此应该有一个完满的回答了。哈哈，那不速之客是熊老师呀！我做了一回学生作文的素材，发挥了课程资源的作用，同时也借此机会对学生的学习和教师的教学进行了肯定和鼓励。

四、写"感受"，完成点睛之笔

【教学场景8】

师：这节课剩下的时间，请同学们把刚才采访活动过程中，自己看到的、听到的、想到的内容接着写下去，并在文章最后用一两句总结出你对这节课的看法，当作文章的结尾，最后还请给自己的文章取一个新颖的、合适的题目，这样就大功告成了。

（学生完成后面的写作，再自改，互评）

……

【总评析】：这节课的内容是教师根据有人突然来班上听课这一特殊情况而安排的一次即兴作文，内容对于学生来说是全新的，过程是充满趣味的，所以学生写作兴趣非常浓烈。"现在进行时"式的写作模式，让学生边看边写，边听边写，边想边写，口语交际后写，因为具有真实的情境性，现场感与挑战性使学生产生了写作的动力，因为有趣、因为喜欢使写作变得很容易。从现场来看，学生观察仔细，思维流畅，课堂气氛异常活跃，情绪的激活使得他们的创造力得到了极好的彰显，在语言文字的表达上很有创意。这样的抓住鲜活的课程资源进行的教学，使学生的观察能力、想象能力和写作能力都得到了较好的训练。难怪学生在作文结束语中说：这样的课"我还真有些舍不得"结束，"也希望再有几节"这样的课！

第四章　做题：小课题研究过程和方法

附学生习作 2 份

老师的老师

泸州市二太街小学五（二）班　李毅

咦，今天我们班怎么来了一个"新同学"？就是年龄大了一点，好像有三十多岁。难道……他……啊哈！咦，会不会是刘老师的老公呢？不可能，他俩没有夫妻相。

这位叔叔穿着黄色外衣，里面有一件红衣服，下边穿着黑色长裤，一双擦得发亮的黑皮鞋，一个褐色皮包挂在左肩膀上，用一个词可以形容——帅气十足！这位叔叔，不，帅哥！手里还拿着一个本子和一支笔，不停地写着什么，表情有些严肃。他，他，整一个脱胎换骨的刘德华，兄弟们上啊，让他签名！

呀，这位帅哥到底是谁呢？这么神秘呀，是……老师？不会吧，上课一个老师就够了！教育局派来的调查员？未免太年轻了吧！看来这么神秘的人物的底细，只有请福尔摩斯来大揭秘啦！

接着，刘老师允许我们向这位不速之客提问，当一回"小记者"，采访这位帅哥。同学们争先恐后，提问如车轮大战般展开。范家强一开口就想知道人家的姓名；肖雄可贪心了，提的问题全面开花，想把这位帅哥的秘密揭露得"一丝不挂"；还是吴翔的问题一针见血，一下就问出了大家都想知道的问题："叔叔，您到底是做什么的？"在点点滴滴的收集中，大家才得知帅哥姓熊，是教研培训中心的老师，也就是老师的老师。喔，原来是这样，还是上级呢！

后来，熊老师还向大家表达了他的感受，首先是表扬了刘老师教得好，指导同学们作文的方法好，说得刘老师有些不好意思；其次又表扬了我们同学思维灵活、风趣；最后还给了我们几点建议，叫我们写纪实类作文别太虚构，要真实一点。

哇，这节课真特别呀！好让人难忘啊！我得好好记住熊老师的建议，把作文写真实一点，也希望再有几节……不！是几十节这样的课让我大显身手！

如何做小课题研究

神秘嘉宾

泸州市二太街小学五（二）班　　叶佩佩

今天一上课，我就发现教室里奇迹般多了一位神秘的中年人。

这位神秘人物身高和我们的数学杨老师不相上下，浓眉大眼，鼻子高高的，穿着一件黄褐色的带毛领的衣服，一条深灰色西裤。手里有一支笔和一个黄色的本子，肩上背着一个棕色的大皮包。

这个人是谁？他来我们班是干什么的？看他眼睛不时地盯着四周，手里的笔不时地在本子上写着什么东西，是在做调查，还是在监视我们呢？或是别的大学来的实习老师？看他肩上背着的大包，又有点像邮局送报刊的邮递员叔叔，他到底是谁呢？不少同学小声地在问上这节课的刘老师，但刘老师只是笑而不语，大家心中充满了疑问。

好不容易争取到了"揭秘"的机会，同学们终于可以自由向这个神秘人物提问了。范家强同学起了个头，最先向神秘人物问道："您叫什么名字？"

"我姓熊，你们就叫我熊老师吧！"叔叔微笑着说。

老师，他竟然是一位老师，那他这节课是来听课的啦！另一个同学又问道："叔叔，您到底是做什么的？"

"我在江阳区教师培训中心工作，应该算是你们老师的老师。"熊老师不慌不忙地答道。

"老师的老师"，听了这话，可把同学们惊得目瞪口呆，全班同学不约而同地叫了一声："啊！"我心想：刘老师的教学水平又不差，难道还要让老师教吗？而且这位老师这么年轻，看起来比刘老师大不了多少，怎么可能是老师的老师呢？我看着刘老师向我们点头，看来他的身份不假。我这时真有点佩服刘老师，每次指导我们写作文，都会给我们出些新花样，一会儿做游戏，一会儿吃东西，连上次她手受伤了，也不放过让我们观察来写篇作文，今天倒好，竟然把她的老师也请来当上了我们写作文的模特儿。不过我还是想知道他这次来的真正目的。后来熊老师给同学们讲了话，他说："今天我来这里看到你们刘老师的教学方法很优秀，同学们也不错,我还在本子上写了一句'这个班的孩子很有灵气'。"这下子谜底都解开了,这位熊老师是来检验刘老师的教学能力的,而他本子上写的全都是对我们表现的总结。最后熊老师希望我们能够继续努力。

看来这次的考验顺利通过了,这位神秘嘉宾的身份揭开了,同学们心中的谜团也解开了……

点评:

这是一堂令人感佩的现场作文教学指导与训练课,它体现了教师的新课程理念和随机应变的教学机智,厚实的作文教学功底,以及教师行为背后的教学思想。课堂作为教师教学的主阵地,是教师从事研究的宝贵资源,本节课例中,作者不仅进行了完整的文字描述,呈现了课堂全貌,为听评课者理解、诠释课堂提供依据,而且将课堂中的连续性事件拆解为一个个单元,透过观察点进行定格、扫描、搜集、反思、分析和推论,促使听评课者由观察他人课堂而反思自己的教育理念和教学行为,汲取改进自己教学的技能,改进课堂学习,提升自己的专业素养。在整个过程中,上课者、评课者进行的是平等的对话、思想的碰撞,探讨的是课堂学习的专业问题。

第五章 结题：小课题研究成果表达形式

小课题研究的主体是教师，教师研究的舞台是学科课堂，研究问题源于现场，研究过程就在现场，研究结果在现场得到验证。可以说，教学的实际情境既是教师研究的依托，又是教师研究的最终指向。这一研究特点，决定了教师研究不仅仅要注重理论问题，更重要的是要在实际的教学情境中确定研究的出发点，在实际问题的解决中确定研究的落脚点。[①] 为此，小课题研究成果，既要关注定性评价，又要关注教学改革、学校发展、教师专业成长和学生综合素质提升等方面的作用。而小课题研究也属于科学研究范畴，科学研究的成果必须通过发表文章、出版著作及申请专利等形式才能获得社会公认和知识产权，斯腾豪斯指出，私下的研究在我们看来简直称不上研究。因此，小课题研究成果同样关注这些成果的定量评价。从小课题研究成果表达形式上看，视角是基于学生的，形式是多种多样的，可以分为三类：一类是活动类成果，主要是教育日志、教学设计、听评课稿、沙龙材料、学生作品和音像作品、图表、教具等实物；二类为成长类成果，主要是学生成长、教师个人教学哲学形成[②]、科组建设机制、学校特色发展等材料；三类是学术类成果，主要包括教育叙事、教学反思、教育教学案例、精品课例、行动小报告、论文、著作等。

---

① 郑金洲：《教师研究的性质》，载《上海教育科研》2010年第10期。
② 费伦猛：《小课题研究：教师个人教学哲学建构的有效途径》，载《教育评论》2015年第11期，第118－121页。

第五章 结题：小课题研究成果表达形式

一、成果表达形式之一：教学反思

（一）什么是教学反思

一个教师是感性的实践者还是理性的研究者，其根本区别在于他能否对自己的教育教学行为进行持续不断的反思。叶澜教授指出："一个教师写一辈子教案不一定成为名师，如果一个教师写三年反思有可能成为名师。"

教学反思作为教师的基本研究行为，从狭义上讲，是指教师对教育教学实践的再认识、再思考，并以此来总结经验教训，进一步提高教育教学水平。它不同于日志、叙事的一般性记录和白描，也不像案例有明确的问题发现、分析、解决线索，而是在记录教育事实基础上所进行的思考和评判。这种形式在教师的教育研究中占大量比重，尤其是在研究的初期。

（二）反思什么

有问题、有障碍才会有思考、有分析。课堂教学中有哪些问题可以成为反思的对象，这是教师在教学中进行反思的一个前提性问题。教师在开展教学反思活动时，可以从以下几个方面做起。

1. 反思教学的得与失

每节课都有成功之处，例如充满趣味的课堂导入、有趣的对话、巧妙的设问、幽默的讲解、创新的小实验、恰如其分的多媒体应用等。任何人的教学总会有不足之处，即便教师再熟悉教材、学生和精心设计教学过程，在课堂上也会出现许多课前估计不到的情况，如表达不清、处理欠当、方法陈旧、演示失败等。

教师将教学过程中自己感受深刻、达到预期效果和引起学生共鸣的做法记录下来，把课堂中出现的不足或一时不知如何处理的问题及时记录在教学反思中，然后进行认真分析、思考，日积月累，就成了一笔宝贵的财富。

2. 反思教与学的机智

我们都有这样的经历：课前精心设计教学过程，确定教学方法，而在课堂实施教学中，随着教学的开展、师生思维的发展及情感交流的深入，往往会因一些偶发事件而产生瞬间灵感，这些"智慧的火花"常常在特定环境下产生，若不及时地利用课后反思去捕捉，便会因为时过境迁而烟消云散，令人遗憾。另外，在教学过程中时有突发事件发生，教师机智灵活地应对，恰当地处理，也可为今后类似事件的处理提供借鉴。

学生的学习过程是一个积极的认知过程。在课堂教学中，常有这样的情况出现：有时学生在课堂上提出独到的见解或新奇的问题，迸发出思维的火花，给课堂增添异彩，有时对问题的分析理解，甚至优于教师预先设想的方案。对教师来说，这是教学相长的机会（也就是说采撷学生思维的"火花"，有助于开阔教学思路，做到教学相长）。在教学中，教师应十分注意学生的"问题回答"，对学生就某一问题发表的独特见解，教师应给予鼓励，并及时记录下来，以充实完善自己的教学过程。

3. 反思教学预设与成效达成

比如，在教学目标方面，可以反思教学目标是否完成，如果没有完成的话，原因是什么，教学目标设置得是否合理；在教学内容方面，可以反思教材内容重点、难点的处理方法是否符合学生的实际情况，单元教学内容在学科体系中的位置是否合理，能不能补充一些新的教学内容，什么样的教学内容是学生感兴趣的；在教学方法方面，可以反思什么样的方法比较适合本节课的内容，学生对于讨论法、小组学习法等是否适应，在选择、使用不同的教学方法时要注意什么策略；在教学程序方面，可以反思教学的导入、教学的推进、教学的结束等教学环节是否衔接得恰到好处，各环节花费时间是否合理；在师生互动方面，可以反思教师是否过多地占用了课堂教学时间，是否过度地使用了预设，是否过分地强调了课堂纪律，学生在课堂教学中是否积极参与，学生在课堂上是否敢于提出不同于教师和同学的看法，学习困难的学生是否处于师生互动的边缘等。

（三）如何反思

教学反思是一种批判性思维活动，而把这些思维活动记录下来，则可视为一种写作文体。作为研究方式，它运用简便，可贯穿于教育教学过程的始终；作为研究成果表达形式，它写法灵活，可成为教师成长发展的忠实记录和反映，因而在教师研究中广为应用。

1. 把相关经验和理论作为反思的重要参照

进行教学反思时，需要回忆、整合先有的经验，借用某些已有的理论来分析。在反思过程中，要看看同行是怎么做的，查查文献资料是怎么描述的，促使教学反思成为联系以往经验与现有做法的桥梁，成为贯通既定理论与实践的中介。

2. 把整体反思与局部反思相结合

课堂教学的反思，既可以是对课堂教学的各个方面的整体思考，也可以是对课堂教学某个环节的局部思考。有的时候需要从整体层面来分析，有的时候需要"就其一点而不及其余"。这两种反思方式都是允许的，需视具体情况而定。

3. 要对教育教学行为进行持续不断的系统化思考

偶尔的反思并不困难，也是绝大多数教师能做到的，但持续不断的系统化反思却不见得是每个人都可以轻易做到的。作为研究的反思，应该是持续的、不间断的、系统的，它摆脱了零散片断的反思状态，将反思渗入教育教学的全过程，从而在很大程度上保证了教育教学研究的针对性和有效性。

教育反思应用范围广泛，形式多样，在日常教育教学行为研究中有以下几种类型（也是写法）：①专题反思和整体反思。专题反思有着明确的问题取向，常常围绕一个特定的问题进行多方面的思考；整体反思不是把反思的对象集中在教育教学的某一个具体问题上，而是总体把握教育与教学各方面的行为，就其中突出的问题进行思考。②即时反思和延迟反思。即时反思是教师在教育教学活动结束后立即对活动过程中的现象、问题或活动的成效等进行的反思；延迟反思是可能由于这样或那样的原因，教师并不马上对课堂或其他教育教学情境中的事件做出系统思考，而是在以后结合其他教育事实对其进行综合性、批判性分析，这种反思因其反思时间的滞后，故称为延迟反思。③课前反思、课中反思和课后反思。课前反思是在课前准备的备课阶段进行，具有前瞻性，能使教育教学行为成为一种自觉的实践，并且能有效地提高教师的教学预测和分析能力；课中反思主要指向课堂教学，解决在课堂教学活动中出现的问题，具有自我监控性，能使教学高质量、高效率地进行，并有助于提高教师的教学调控和应变能力。课后反思是教师在课后对整个课堂教学过程进行思考性回忆，这个阶段的反思具有批判性，能使教学经验理论化，并有助于提高教师的教学总结能力和评价能力。

案例 12　教教材与用教材①
——以九年级物理"功和机械能"为例

现行的物理教材人教版九年级第十五章"功和机械能"第一节有功的概念、计算公式和功的原理三部分内容，第二节是"机械效率"。第一节内容的难点多，学生很难理解，需要很多时间让学生通过例子来慢慢认知，一个课时无法完成。我在几年的教学过程中，总感觉此处学生对于知识的衔接不是那么畅顺，课堂教学效率不怎么高，总觉得第一节中"功的原理"与第二节"机械效率"的联系更紧密些。

我反复研究教材，觉得功的原理让学生知道使用机械不能省功，反而会费功，那么，多做的功不就是第二节内容中的额外功吗？学生如果把"功的原理"和"机械效率"一起学的话，知识的连贯性、知识形成的阶梯性就能得到很好的体现，学生的知识框架形成就会有个很好的层级性，对于知识的掌握就会更清晰。这几年，我在教学中采用拆分和重组的办法，对教材进行重组。第一节课时讲授前两个内容：功的概念、计算公

---

① 本文作者是广州市矿劳中学王迎春。原文题目是《教学反思：物理教材合理拆分整合，提高课堂教学的有效性》，选用时省略参考文献并略有编辑。

式,把功的原理留到下节课和机械效率一起讲授(具体内容见表5-1)。

表5-1

原有教材知识板块	整合后的教材知识板块
第一知识板块(原教材第一节) 1. 结合实例认识功的概念。能根据做功的必要因素,判断生活现象中是否有力做功 2. 能用 $W=Fs$ 求解并准确表述机械功的大小 3. 知道使用任何机械都不能省功	第一知识板块 1. 结合实例认识功的概念。能根据做功的必要因素,判断生活现象中是否有力做功 2. 能用 $W=Fs$ 求解并准确表述机械功的大小 第二知识板块 1. 知道使用任何机械都不能省功 2. 能分辨并知道什么是有用功、额外功和总功 3. 能理解什么是机械效率,掌握其公式、意义及有关计算
第二知识板块(原教材第二节) 1. 能分辨并知道什么是有用功、额外功和总功 2. 能理解什么是机械效率,掌握其公式、意义及有关计算 3. 探究实验:斜面的机械效率	第三知识板块 实验课: 1. 探究一:测量斜面的机械效率 2. 探究二:影响斜面机械效率的因素(斜面的倾斜程度、斜面的粗糙程度) 3. 探究三:滑轮组的机械效率

第一节课通过例子让学生理解什么是功、什么时候力做了功(什么时候力没有做功),然后慢慢推导出做功与力和在力的方向上移动的距离的关系,导出计算力的公式,并完成计算例子。这些知识全是难点和重点,一节课的时间如果掌握得较好课堂效率应该是很高的。第二节课利用教材中的例子,在讲台上与学生一起做利用杠杆和动滑轮提升重物的实验。我为了突出主体,故意采用较重的铁棍和动滑轮来做实验。实验完成后,让学生分组根据实验数据计算把同样重的物体提升相同的高度,直接用手提升、使用杠杆提升、使用动滑轮提升做的功分别是多少。学生在这里把功的计算复习了一遍,将三种数据都板书在黑板上,让学生讨论为什么会出现这样的结果。实验是学生做的,数据是学生计算得到的,学生不会怀疑实验和数据的真实性,但结果为什么会这样呢?老师引导学生得出使用了机械虽然可以省力,但是不能省功,反而费功的结论。这样就水到渠成,

自然得出了功的原理。然后再引导学生理解使用机械时多做的功是多余的（额外的），但又不得不做，这样的功为额外功；使用机械时做的功为总功；不使用机械直接用手完成任务做的功为有用功。学生根据具体实验、具体数据很快就会很清楚地分清有用功、额外功和总功，突破这个学生很难区分的难点。接下来就是让学生比较哪种机械的效率高，引导学生理解机械效率及如何计算机械效率。这样一来，由于巧妙地把教材进行重组，三个新授课课时的内容利用两个课时就完成了，而且整个流程、学生知识建构的整个过程更趋合理（见表5-2），学生能轻易突破重难点，对重难点进行了很好的巩固并充分利用数据导入新的知识点，大大提高了课堂效率。根据我这几年的实践和之前按照原有教材的授课，效率和效果是非常明显的，课堂的有效性大大提高了。

表5-2 教材拆分重组后的简明教学流程

	整合后的教学流程
第一课时	1. 利用课本"想想议议"中力做功的实例和力没有做功的实例，认识功的概念，并得出做功的必要因素 2. 理解功的大小的计算公式：$W = Fs$ 3. 利用课本例题，让学生熟悉公式，并加深理解做功的必要因素，训练学生根据做功的必要因素准确判断力是否做了功（难点与重点）。这是第一课时的重点
第二课时	1. 利用课本图15.1-3、15.1-4两图，让学生做实验，把测得的数据填入表中 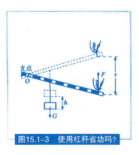 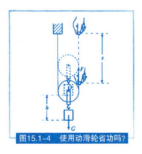 图15.1-3 使用杠杆省功吗？　　图15.1-4 使用动滑轮省功吗？

（续上表）

	整合后的教学流程						
第二课时		砝码重 G/N	砝码提升高度 h/m	直接用手所做的功 W_1/J	动力 F/N	手移动的距离 s/m	使用机械所做的功 W_2/J
	杠　杆						
	动滑轮						
	2. 让学生分组计算（目的：复习上节课的内容，并为下面的内容提供数据） 3. 让学生分析数据，得出使用任何机械都不省功（功的原理） 4. 让学生讨论：为什么使用机械不省功？我们达到工作目的要做的功是哪部分？多做的功是哪部分？我们总共做的功又是什么？（引出有用功、额外功和总功） 5. 引出并理解什么是机械效率，掌握其公式、意义及相关计算（例题）						
第三课时	实验课 1. 探究一：测量斜面的机械效率 2. 探究二：影响斜面机械效率的因素（斜面的倾斜程度、斜面的粗糙程度） 3. 探究三：滑轮组的机械效率						

第三个课时把教材中的一个探究实验，利用一节实验课把两种要重点掌握的机械"斜面和滑轮组"的机械效率进行测量，并探究影响它们的机械效率的因素。

利用原有教材进行授课需要三个课时，现在把教材拆分重组后进行授课也只需要三个课时。但是，重组后，知识点的衔接更加紧凑，知识点的导入更加自然，重难点更容易突破，学生更容易听明白，课堂效率大大提高，还增加了实验，让学生对于不是那么直观的知识点利用实验去体会，学生对知识点就会理解得更深刻，而不是简单机械地记忆。两节课的两个公式很容易记住，但要灵活运用好它必须理解，通过教材的重组，学生对于知识点的理解是层层推进的，而不是靠记忆去背。

通过这两届学生的实践，证明了这样拆分教材使学生理解机械效率的难度大大降低，极大地提高了课堂的有效性。教材的其他知识点，我想也应该有类似的地方,通过老师的钻研、思考,解决学生难以掌握的一些知识难题,提高了教学的有效性。

点评:

这是一份专题反思。新课程有一个流行的口号:"不是教教材,而是用教材教。"王老师以九年级物理教材中的"功和机械能"为例,对教材进行合理拆分整合,搭建了学生学习台阶,层层深入解决学习难点,提高了课堂教学效率。"教"教材与用教材"教",实际上是以书为本,还是以人为本的一种分界线:前者是对教材负责的"固本教学",后者是以人的发展为本的"人本教学";前者是教书,后者是教人。两者所依据的教育思想、课堂教学的立足点、达到的教育效应是不同的。王老师的这种教学反思,渗入教育教学的全过程,并以案例方式进行了系统的思考。

二、成果表达形式之二:教育叙事

(一) 什么是教育叙事

教育叙事(包括教学叙事)可以理解为一种研究方式,也可以理解为研究成果的表述形式。作为研究成果的表述形式的教育叙事,既指教师在研究过程中用叙事的方法所做的某些简短的记录,也指教师在研究中以叙事、讲故事的方式表达对教育的理解和解释。

案例 13　一条短信引发的感动和思考[①]

"听着女儿给我讲邓小平爷爷和撒切尔夫人的故事,我仿佛看到了您在课堂上不卑不亢的教学神态,以至于我在我女儿的眼中看到了她对邓爷爷的敬佩。老师,谢谢您!谢谢您让她感受到邓爷爷的高大形象。"

---

① 本文作者是肇庆市第十六小学纪丽娜,选用时略有编辑。

第五章 结题：小课题研究成果表达形式

在教完了《邓小平爷爷植树》的那一个晚上，11点多的时候，一位家长说她激动得无法入睡，冒着扰人清梦的"危险"，给我发了以上信息。而这条短信，也让我辗转反侧。

还没开始教这一课时，就听其他有经验的老师说这课挺不好上。对于现在的孩子来说，邓爷爷的时代离他们实在太远了，如何才能让他们感受本课植树绿化的主题，体会一位国家领导人的性格，是执教本课的重点和难点。

但在设计本课之前，我上课的进度已经比同年级几个有经验的老教师慢了两三个课时，是迎头赶上，还是踏踏实实地教呢？

刚开始，我决定"自私"地把介绍邓爷爷的任务交给家长，将本课的教学重点定为识字和读长句，计划两个课时完成。于是课前布置学生回家去收集邓小平爷爷的资料，了解邓小平爷爷的故事，预习课文。

第二天上课，按照教学设计，我从植树节引入："小宝贝们，你们知道3月12日是什么日子吗？"学生异口同声回答了。当我出示邓小平的图像时，很多人都说出了他的名字，于是我们一起齐读了课题。简单介绍了邓小平以后，一切按设计进行得很顺利，我们一起用了很多方法认识了本课的生字，男生女生合作初步读顺了课文。

正当我感觉一切都在掌控中时，一群学生的窃窃私语打破了所有的设计。

按照教学设计，该让学生体会认真栽树的邓小平爷爷，于是，我抛出了一个问题：邓爷爷是一个什么样的人？

很快，有很多学生举手。我满心欢喜地看着如雨后春笋般的小手高高举起，看来学生们做好了预习作业。突然，有个小小的声音在底下响起："邓小平是谁啊？"接着，他同桌也小声说："他是国家领导人啊。"另一个声音也响起来了，"他还在吗？"童言无忌，一群无法自控的小朋友们就议论开了。看来，还有几个小朋友没有深入了解邓小平。于是，我决定请学生来讲一讲邓小平的故事。但是，很多学生的回答都令我有些意外，本以为家长一对一的预习，应该能让孩子们更具体地认识邓爷爷，但孩子们的回答大多只是停留在国家领导人，没有任何故事性的材料。

一年级的孩子,他们没有与成人一样的价值观,如果没有一些具体性的认识佐料,他们无法体会一位国家领导人意味着什么,也不了解国家领导人植树所蕴含的信息。这样一个极好的情感陶冶的教育素材难道就这样放弃吗?于是,我决定,重新设计我的课——认识可爱的邓小平爷爷。

我重新拿起了邓小平爷爷的图像,让他们仔细观察这位爷爷,说一说这位爷爷的长相。

"邓小平爷爷有一个圆圆的脸蛋。""邓小平爷爷像我爷爷一样,头上有皱纹。""邓小平爷爷很亲切。"……大家议论开了,孩子们一下子就认识了这位和蔼可亲的"老爷爷"。我想,至少这些孩子们,下一次见到邓小平爷爷的相关照片时,能快乐地叫出来:"呀!是邓小平爷爷!"

"孩子们,你们知道吗?当我和你们差不多一样大的时候,目睹了全国人民因为这位慈祥爷爷的逝世,痛哭悼念。当邓爷爷的骨灰撒向辽阔的大海时,爸爸含着泪和我讲邓爷爷的故事,老师也放声大哭。今天,我也和你们讲一讲这位一心想着全国人民,一心想看着祖国强盛的爷爷。"

从大海开始,从海边盼着游子归来的故事讲起,我给他们讲了邓小平爷爷魂归大海的美好愿望——也许,奔腾不息的浪花会把他的骨灰送向香港、澳门,游子回归指日可待。浪花,带着我们一起聆听了邓小平爷爷和撒切尔夫人的交锋。在孩子们的眼睛里,我仿佛看到了对一个英雄捍卫祖国的崇拜。

"'就我个人来说,我愿意活到一九九七年,亲眼看到中国对香港恢复行使主权。'可是,在香港回归之前,这位爷爷就走了。"我的话还没说完,有孩子插嘴说道:"好可惜啊,他看不到了。"我突然感受到那孩子善解人意的心灵。

趁着孩子们这么入神的状态,我们又随着"浪花"去了日本,听一听邓小平爷爷在日本考察,虚心向日本请教和学习的那一段往事。孩子们"啧啧"的赞叹声送给了当时日本电车和松下公司的先进,也送给了那一位可爱、虚心的邓爷爷。

故事讲了20多分钟,孩子们丝毫没有疲倦,而是眼睛有神地看着我,渴望听更多邓爷爷的故事。

第五章 结题：小课题研究成果表达形式

"这次考察之后，我们的邓爷爷懂得科技先进的重要性，更坚定了他要中国富强的决心。他做了一个重要的决定，从此以后，落后的中国神奇地发生了巨大的变化。"

"哇！是什么啊！"孩子们又七嘴八舌地讨论起来。

我趁机将事先准备给他们看的邓小平植树的图片展示出来："这是邓小平爷爷1992年在深圳仙湖植物园植树的图片。深圳以前是一个破旧的小渔村，因为邓小平爷爷那一个神奇的决定，那片土地上一下子竖起了高楼大厦，变成全中国甚至全世界出名的大城市。他在这里种下的树，像他的孩子一样被认真地呵护着，希望他的树也能像我们的国家一样健康地成长起来。"

"我们看看这幅图，对于这么重要的树，邓小平爷爷是怎样植树的？"

孩子们的小手举得老高老高——

"邓爷爷手里拿着铁锹，很认真。"

"旁边的阿姨扶着邓爷爷，很老很老的邓爷爷小心地在植树。"

"嗯，孩子们观察得很仔细，那么，我们对比课本里面的这幅图，你觉得有什么相同和不同的地方？"我引导着说。

孩子们很快找出了邓爷爷植树的专注，也很快感受到了一位国家领导人日理万机依旧能认真去植树的态度。对于第三自然段的长句，我不急于让他们体会邓小平爷爷的认真和专注，只是让他们学着邓小平爷爷，教一教我植树的步骤。在分步骤的过程中，孩子们在把句意理解的同时，对邓爷爷植树的态度有了初步的体会。在我的要求——"请把邓爷爷植树的样子和动作表演出来"提出来之后，孩子们感知邓小平爷爷一丝不苟的精神应该水到渠成了。当要求他们读出邓爷爷的认真时，孩子们读得是那么小心翼翼，在他们的脸上，我真的感觉到专注，还有一丝崇敬。

课快结束前，我终于揭开邓爷爷"神奇的决定"的面纱。讲到这里，我只是简单叙述了政策带给城市的变化，并没有深入展开。或许，那些神奇的内容就让他们随着年龄的增长再慢慢去探索吧。

从识字到人物介绍到最后的理解课文，我比原计划多花了一节课。对于一年级的小朋友来说，基于他们的年龄特点，可能还无须花费太多的时

115

间和精力去强迫他们了解貌似与课文无关的事例。

新课标倡导重视情感、态度、价值观的正确导向，重视核心素养的培育，强调注重熏陶感染，潜移默化，在日常的教学过程中培养学生正确的价值观和积极的人生态度。在本课的教学中，学生的窃窃私语打乱了原有识字和读长句的教学设计，如果"无视"这些讨论，或利用纪律约束加以控制，或许能"顺利"完成本课的教学目标，然而，学生的求知欲也会随之被扼杀，一个很好的德育契机也会转瞬即逝。现实中，我没有这么做，而是利用此机会，利用小学生乐于听故事的心理，激发学生的学习兴趣，因势利导，通过形象的图片对比，引导学生"认识可爱的邓爷爷"，让学生更好地认识一个立体的邓爷爷。

由故事到课文，学生在良好的学习情境下，理解长句句意。学生在"走近邓爷爷"的同时，或多或少地体会到爱国、虚心、认真和专注的真挚情感和人生态度，以及对邓小平爷爷的敬佩。即便他们可能无法完整地感知，即便他们可能很快就忘记，但我希望在启蒙教育中播下这么一颗种子，静静等它发芽。至少，从家长的短信反馈中，我已经感受到了一颗小种子发芽的希望。

生活需要感动，也需要思考。教学亦如此。作为新手教师的我，仍需要得到更多锻炼的机会，在感动与思考中，强化自己的教育机智和教学能力，在教学过程中和孩子们一起成长。

点评：

在一次课堂教学中，课前精心设计的教学过程，出现了"意外"，怎么办？纪丽娜老师及时调整了教学策略，机智灵活地处理，上了"一节自认为是比较难忘的课"。纪丽娜老师是一位刚刚毕业的新老师，这样的调整，正如她自己在写给我的邮件中所讲的那样："虽然不见得精彩，也不见得深刻，更不见得效果能达到预期，但对于我自己来说，可以说是当新教师这一年来对课堂的思考，更是对育人的新的理解。"能用自己的笔来描述自己的所思所感，简单的事情做好了就不简单了。

（二）如何写教育叙事

教育叙事有着多种角度和立场，教师在研究中可以根据需要加以选择和运用。下面提供的仅是常见的几种叙事"写法"类型。

1. 日志式叙事

也许有人认为，写写日记、做做记录称不上研究。假如我们同意教师的研究是对自身实践所做的持续不断的反思，就没有理由不把日志式叙事这种形式纳入研究的范畴。因为在日志式叙事中，展现的是教师对教育生活事件的定期记录，在他把真实的生活场景转化为文字、语言符号加以记载的时候，他也就是在梳理着自身的行为，有意识地表达着自己。

一般来说，叙事日志不是仅仅罗列生活事件的清单，而是通过聚焦这些事件，让教师更多地了解自己的思想和相关行为。叙事日志通常需要每天或几天记录一次，至少是每周记录一次。在叙事日志中，记录的是教师在实践活动过程中所观察到的、所感受到的、所解释的和所反思的内容，是教师所见所闻所感所思的自由写作。叙事日志的主体部分是教师对观察的记录和白描。

2. 评述式叙事

教育叙事必须有一个从开始到结束的完整情节，以揭示故事中人物的内心世界。特别需要注意的是，在教育叙事时，要注意把自己在教育教学中每一步行动的理论依据（也就是自己的教育理念、教育思想）写下来。具体的"写法"可以显示为"夹叙夹议"，对自己在教学事件发生时的心理状态、思维过程、策略运用，用"我想……""我当时想……""事后想起来……""我估计……""我猜想……""以后如果遇到类似的情况，我会……"等句子加以描述和过渡。这样，把真实的教育生活淋漓尽致地展现出来，透过众多具体的偶然现象解析现象背后所隐藏的真实，从而使教育生活故事焕发出理性的光芒和智慧的魅力。

3. 主题式叙事

在整体上保持故事的完整性和情节性的基础上，进行"聚类分析"，每一个类别实际上就是一个相关的教育主题或教育道理。分类之后，再用相应的材料或故事来为这些教育主题或教育道理提供"证词"。这种方式的优点是"主题"清晰,直接将相关的教育道理告诉读者,不用读者自己去猜想和琢磨。不过,它的优点也正是它的缺憾——它可能过于直接地将相关的教育道理强硬地公布出来,没有给读者留下足够的想象空间。而且,这类叙事很可能因缺乏内在的情节与线索而降低读者的阅读兴趣。

案例 14 人生中最美丽的"艳遇"①

我是一名寄宿制民办小学的教师,能获得小课题的培训机会对我们来说是可遇而不可求的。

经历了一个月漫长而又短暂的小课题研究的培训活动,我的感想颇多。在这一个月里,每天早上 7:00 到晚上 8:00 的超长的工作时间,两个毕业班的语文教学任务,班主任工作,语文学科组各项工作;每天晚上 8:00~12:00 是我的学习时间,虽然苦点、累点,但是有收获就是值得的,我感到既忙碌,又充实。记得一位哲人说过,今天你的选择,决定了三年后你的生活。我相信,今天我选择了小课题研究,明天我至少能成为"草根"教育专家。

1. 小课题培训为我注入了一针强心剂

初识小课题是在费伦猛教授的"如何做小课题研究"的报告会上。费伦猛教授幽默风趣的讲座,让我了解到一线教师对教育教学研究的困惑来自对教育科研的敬畏,同时也让我明白了中小学教师的教育科研应该是以课堂为现场、以教学为中心、以教师为主体、以解决实际问题为核心的小课题研究。小课题研究真正让教育研究回归到教育一线,回归到我们这些老师身上。这让我有了"我的地盘我做主"的豪气,真正研究一些属于自己的东西,有了做一个真实的自己的想法。对于像我这样一个在民办学校教师岗位上"混"了12年的老师来说,真的好想有个老师带着我进步。

---

① 本文作者是深圳市罗湖区明珠中英文小学李玉成老师。本文发表在《新教育》2014 年第 4 期,选用时略有编辑。

然而,一路走来,我清楚地认识到,没有人可以教你,一切都得靠自己努力和钻研。教学经验不足的我曾经盲目跟风,从洋思中学的"先学后教,当堂训练",到"杜郎口旋风"的模式;从研究性学习,到"自学·交流"学习模式,我不断尝试着……为此而迷茫过,失落过。今天,当我真正走进"小课题",终于找到了自己的方向——做个真实的老师,做个真实的自己。小课题为我的教育人生注入了一针强心剂。

2. 小课题培训帮我获取了一把"倚天剑"

通过一段时间的学习,我对小课题研究有了更深层次的了解。小课题研究也是科学研究,也符合教育科研步骤:发现问题—选题—做题—结题—成果交流推广。同时,通过对小课题研究的学习,我掌握了小课题研究的常用方法:调查研究、读书和文献查阅、行动研究、叙事研究、案例研究、课堂观察。我发现,其实在我们的日常教育教学活动中,也或多或少地运用过这些方法来研究我们的教育教学,只是因为自己对教育科研知识的运用不太清楚,所以才对教育科研敬而远之。小课题培训活动,为我们一线老师掌握科学的研究方法起到了重要作用。我可以毫无疑问地说,小课题培训帮我获取了一把"倚天剑",让我在教育教学中游刃有余,让我享受到了教育科研的乐趣。

3. 小课题培训让我摘得了一颗"夜明珠"

拿到了小课题研究这把"倚天剑",我开始反思我的教育教学生涯。作为一名小学语文老师,这些年一直为之忙碌的语文教育无非是"读书、写字、作文",就拿作文教学来试试我的"倚天剑"吧!于是,我对近几年在作文教学上所做的一些工作进行了总结归纳,用上了小课题研究的各种招式。终于"宝剑锋从磨砺出",我的《高年级学生习作点评促进写作兴趣的行动研究》出炉了。作为小课题培训的结业作业,获得了导师的高度评价:作业详细完整,方法措施实效,研究成果明确,十分好!带着您的研究去实践吧,加油!我相信,我一定会用好小课题研究这把"倚天剑",去摘得我教育教学生涯中的一颗又一颗"夜明珠"。

4. 小课题培训为我找到了一群知心人

小课题培训将我和区域的教育精英们联系在了一起。在这个"小课题综合群"里，我有了一种回家的感觉，在这里我结识了费教授的小课题研究指导导师团队，还结识了刘玉青、陈丽斌、李志清、张伯杰、陈建华、吕书文、陈周见、王莉等一批优秀的老师。在他们的帮助下，我的结业作业题目从"小学高年级学生习作互评的对策研究"改为"习作互评对于小学高年级学生学习兴趣的促进作用探究"，再改为"习作互评促进小学高年级学生写作兴趣的研究"，最后定为"高年级学生习作点评促进写作兴趣的行动研究"。正是因为"小课题综合群"里有这样一群知心人的帮助，我才顺利地首次摘到了一颗"夜明珠"。

点评：

这是一篇叙事文章。有 12 年教龄的民办小学教师李老师在教育教学实践中，一直在努力和钻研，在不断尝试中迷茫过、失落过。作者在参加小课题研究专项研修中，在小课题"学、研、培"系列活动中，找到了方向，确立了自我实践改进的小课题。文章表面看是李老师参加小课题研究系列培训后的心得体会，实际上字里行间渗透着李老师的所思所想所做，故而文章得以在学术杂志上公开发表。这也是作者用"心"和"情"所描述的一篇"真实"的故事。掌握了"心""情""真"三字诀，就掌握了教育叙事的真谛。

三、成果表达形式之三：精品课例

（一）什么是课例

关于课例，不同专家学者存在着不同的认识。

有人认为课例即教例。这种课例的界定，它强调教科研成果的口头叙述或整理成文，重在引发读者的思考。在写作方式上，课例即课堂事件记述。

也有人将课例等同于教学实录或课堂实录。教学实录或课堂实录虽然也是研究成果表达的一种方式，但如果仅限于实录，没有相应的反思行为，也就不能充分反映该教学所具有的典型性，缺乏"例证"的价值，降低了研究本身的功用，因此称之为课例也不恰当。

我们认为，中小学教师与专业研究工作者不同，他们所面对的是一节节具体的课，这些一节节为具体研究对象的课（所研讨的课并非都具有典型性），就是课例，也就是说，课例可以理解为"以课为例""具体的课为实例""以具体的课为研究对象"。这种对课例的界定，强调教科研活动的组织，重在求得研究实效（如改进课堂、碰撞思维、提高教师专业能力等）。

（二）如何打造精品课例

精品课例打造的过程也是课例研究的过程。课例研究是一种有组织的合作教学，与"从教中学"的思想紧密相连，它产生于日本，在日本中小学有着悠久的历史。简单地说，课例研究就是计划、观察、反思和修订课的过程。

课例研究是一种合作行为，在研究的过程中，同一科目或是同一年级的教师组成课例研究组（或教研组），课例研究组的教师经常定期讨论课的设计、实施、反思等。一般而言，一个完整的课例研究过程，其步骤可以概括如下。

1. 确定问题

课例研究的过程首先是一个问题解决的过程，因此，要先确定一些能激发和引导课例研究组人员的问题。问题可以是具体的某节课（如人教版中学化学必修一第几章第几节），采用"同课异构"进行研讨。问题也可以是某一概括的主题（如"如何有效地进行课堂情境设计与实施"），在一定范围内邀请一些学校通过课例的形式对这一问题进行研究并报告研究的结果。只有确定问题，小组成员才能把精力集中在所提出的问题上并找到解决问题的方法。

2. 第一次设计课

问题被确定后,教师就开始设计课。首先要查阅文献资料以及搜索前人做过的相似问题的研究,然后由一两位教师执笔写出教案。教师初步设计好教案后,需召开小组会议,大家对这一教案各抒己见,进行讨论、修改,直至最后确定一份用于研究课的教案。

与此同时,研究组教师需选取"课堂观察点",并围绕"课堂观察点"查阅相关文献资料,准备课堂观察工具,必要时还需制作课堂观察表格,供听评课使用。

3. 第一次观课

由研究组中的一位教师执教这堂课,同时组内的其他教师也都要参与到这堂课中来。每位教师在观察这节课的过程中,更关注的是自己负责的"课堂观察点",观察并记录学生的行为。通常会把整堂课录下来,供以后分析和讨论。

4. 第一次议课

上完研究课,研究组的所有教师立刻针对这堂课展开讨论。由授课教师先发言,就这堂课的效果以及存在的问题进行反思。研究组的其他教师再对这堂课提出自己的看法,大多数是对这堂课的批评意见。当然,批评是聚焦于这堂课,而不是上这堂课的教师。毕竟这堂课是大家共同讨论、设计的成果,每个人对这堂课都是负有责任的。教师在提出对这堂课的看法过程中,会重点介绍:①自己负责的"课堂观察点"查阅资料的情况,以及进行资料的概括;②根据资料和自我经验,观察工具研制的情况;③观察记录的情况;④效果评价。

5. 修改研究课

研究组的教师基于自己的观察以及对这堂课的反思等继续进行修改,再重新设计出一份新的教案来。

6. 第二次观课

修改好这堂课后,在另一个班重新上一次,可以由上次执教的那位教师来上,也可以换成研究组的另外一位教师。不同的是,这次比起第一次有更多的成员参与,包括研究组的成员、学校领导、专家等。每位教师在观察这节课的过程中,更关注的仍然是自己负责的"课堂观察点"。

7. 第二次议课

上完修改后的研究课,像上次那样举行一次讨论会,不同的是包括校领导以及校外专家等在内的所有成员都参与这次讨论。同样,授课教师先发言,讲述自己认为的这堂课的成功之处以及不足之处。听课者对这堂课提出批评意见以及修改建议,在这一过程中,不仅讨论这堂课使学生学到了什么以及理解了什么,还要讨论设计这堂课时提出的理念假设是否得到贯彻,教师和学生分别从这堂课中学到了什么等问题。

8. 分享成果

所有教师如何共享研究成果是课例研究中很重要的一个组成部分,课例研究组的教师把与别人分享研究成果看作是自己研究的一部分。分享的方式多种多样,一种是写报告,大多数研究组成员都是通过写报告的方式来讲述自己研究的过程的;另一种方式就是邀请其他学校的教师来听修改后的研究课,这被看作是教师专业发展的重要组成部分,也是教师能从其他学校学到教学创新的一种方式。

课例研究使得以教师为中心的教室变为以学习者为中心的教室,参与课例研究的教师不仅要求围绕某一问题进行充分的文献查阅和解读,而且要求参与整节课的设计、实施和评价,在听评课中,不仅关注课的整体性,更关注课堂"观察点",能有不同的分工,人人真正参与到课例研究过程中来。

案例 15　三教《生命　生命》之悟[①]

对于要到昆明执教《生命　生命》一课,心中还是有一点底气的。毕竟在市里已经两度执教过第一课时,颇受好评,此次只需在此基础上把第二课时设计出来就可以了。

---

① 本文作者是广州市海珠区万松园小学麦珏昉。原文题目是《整体·提炼·角度》,选用时略有编辑。

我拿着书，反复阅读课文的第四、五自然段。但此刻仍有一个问题萦绕在我心中：为什么小小的飞蛾和香瓜子能引起杏林子如此大的感触，使她在静听自己心跳时感到"极大的震撼"，明白了不能"白白地糟蹋"生命？翻查资料后我发现，她曾经因为自己身患残疾而质疑过生命的意义，此时可能是看到飞蛾、香瓜子都如此珍惜生命，她也感到了生命的可贵，我只有这样说服自己。反复掂量，总觉得这样理解不透彻、不到位。这个问题不解决，将产生两个问题：一是第一课时讲飞蛾和香瓜子的例子时，无法为理解杏林子听心跳的事例作铺垫，两节课势必"各自为政"，有割裂感；二是学生不理解这个问题，也无法理解第五自然段中作者所说的"生命虽然短暂，但是，我们却可以让有限的生命体现出无限的价值"。

思前想后，未得解答。我只好把第二课时的主线定为抓住意思相对的两组词语："白白地糟蹋""好好地使用"和"有限的生命""无限的价值"。在没想到办法之前，就先按这样试教，让专家们来为我"诊断"吧。

第一次试教

课堂回放：

预约了四年级的一个班，试教如期进行。第一课时，轻车熟路。我紧扣单元"热爱生命"这一主题，以"生命是什么呢"这一问题为主线，让学生在多种形式的阅读中充分感受飞蛾和香瓜子的生命力，进行相关的语言训练。"生命是追求。""生命是坚持。""生命是勇气。""生命是不屈向上。"……学生的思维活跃，一切似乎在意料之中。

讲到第四自然段了。学生在我的点拨下，联系生活实际，很快就理解了"白白地糟蹋""好好地使用"的意思，明白了要好好地使用生命。可是，在此过程中，我感到，学生虽然明白了字面的意思，但对于作者为什么会产生这一感悟却无从理解。接下来，我调动学生的课外积累，他们通过小组交流，以雷锋、爱迪生等人为例，也很快理解了"有限的生命""无限的价值"的字面含义。但是，我总感到这些理解有种"喊口号"的感觉。我究竟忽略了什么呢？

专家支招：

两课时的风格不统一，第一课时是感性，第二课时是理性，应该作为一个整体来思考。生活中平凡的小事为什么会引起作者的触动？应该注意到这几个事例之间的共同点。它们的共同之处在于：尽管它们都那么弱小，但都那么坚强。飞蛾和香瓜子的事例要整合在一起，不宜段段细讲。要让学生在充分初读的基础上，通过读找到它们的相似点，再结合作者的事迹，感受作者与它们的相似之处，从而理解作者的所感所悟。

我的反思：

专家的建议，令我醍醐灌顶。反思备课的过程，发现最大的问题正是在于我没有把两个课时作为一个整体来考虑。我原以为两个课时的教学应该是"1＋1＝2"，殊不知，对于同一篇课文，两个课时应该达到的却是"1＋1＝1"的效果啊！难怪两个课时的设计当初看来就有"格格不入"之感，原来如此！的确，找到前两个事例的共同之处，将"弱小"的生命与"强大"的生命力作对比，就能为理解杏林子的事例作铺垫了。于是，我按照这样的想法修改了教学设计。

第二次试教

课堂回放：

这次教学，我把第二、三自然段作为一个整体，以"哪些地方令作者感到震惊"为线索，统领这一部分的学习。由于要体现"弱"与"强"的对比，我花了更多时间让学生谈对句子的理解，引导他们感受飞蛾和香瓜子事例的共同之处在于弱小的生命却在危难之时迸发出强大的生命力。为了让学生更好地理解杏林子静听心跳时的感受，在通过举例理解了"我可以好好地使用它，也可以白白地糟蹋它"以后，我引入了有关杏林子的资料。

片段一：

师：请你伸出右手放在胸口，感受到心跳了吗？谁感到了震撼？（五个学生举手）谁感到极大的震撼？（无人举手）

师：为什么杏林子却感到极大的震撼呢？她曾经在一篇文章中写道：

"(PPT出示)我不知像我这样既没有念过多少书,又瘫痪在床上的病人到底有什么用?我活着到底是干什么?仅仅为了自己受苦、拖累家人吗?我真的要在病床上躺一辈子,永远做一个废人吗?"

(学生面露怜悯之色)

师:不!(播放心跳声)当她听到这一声声沉稳而有规律的心跳时,一个声音从心底蹦了出来:不!绝不!此时此刻,如果你就是杏林子,你会怎么想?

生:不!我绝不放弃可贵的生命!

生:不!飞蛾只能活九天,都不放弃自己的生命,我更应该珍惜自己的生命了。

生:不!虽然我是残疾人,但我能活在世上,就一定要好好地使用生命,不能白白地糟蹋它。

师:把你的感受送回句子里,请你读这个句子。(生读)

生:不!我不是一个废人,就连飞蛾和香瓜子都会珍惜生命,我更加要珍惜自己的生命,在有限的生命中创造无限的价值。

师:带着这种珍惜生命的感悟,你再读读这个句子。(生读)

片段二:

生:(默读杏林子《生之歌》中另一篇短文《永恒的价值》)

师:读了这篇短文,你对"无限的价值"是怎样理解的?

生:就像文中的雷诺阿,他无限的价值就体现在留下了许多美好的艺术作品。

生:他虽然残疾了,但不放弃自己,一生都在追求艺术,至死都没有放下画笔。这就体现出他无限的价值。

生:杏林子也和那位画家一样,她的一生虽然经历过许多常人无法理解的痛苦,但她有自己的追求,她给世人留下了许多好的作品。这就是她无限的价值。

师:那么,在历史的长河中,谁还曾留下过无限的价值?

(几位学生分别举出周总理、诺贝尔、居里夫人等事例)

专家支招：

通过对飞蛾和香瓜子两个事例的整合，两节课显得更一体化。导入了杏林子的资料后，对于盘活学生的思维起到了一定的作用。在片段一中，由于引入了杏林子的真实体验，并让学生在"移情"中想作者所想，因此，他们对于理解"极大的震撼"有了更深的感受。然而在片段二中，阅读《永恒的价值》却并不是最好的解决之道。由于文中引用了画家的事例，与原文本有一定的距离，学生也难以在短时间内提炼出最有价值的信息。此外，教师应该在引导学生理解"无限的价值"时，不只着眼于物质方面的东西，更可以关注到他们在精神上留给后人的财富，如坚持的精神、对理想的追求、战胜困难的勇气等。这样，学生的体会将更广、更深。当然，整个教学中一些问题的设计如果能深入细致地考虑，使之更富于层次性、阶梯性，便能使最后的难句理解水到渠成。

我的反思：

这一次试教在某些方面比第一次试教有所改进。我在备课中忽略的问题是：对于杏林子的资料三次引入，冲击了整个教学设计的流畅度。经过反思，我整理出引用资料的三个原则：一是必须紧扣教学目标，不能多余；二是能为学生理解、提升提供帮助，不觉可有可无；三是与课堂教学"融为一体"，不显突兀。于是，我把三份资料调整成两份，并且通过推敲，提炼出更具层次性的问题。

此时，仿佛是万事俱备了，但我仍然心有戚戚焉：最初的问题真的完全解决了吗？平凡的事例为什么令作者触动如斯？上课的日子快到了，带着未尽释怀的心情，我飞抵了昆明。

昆明执教

专家支招：

组委会安排我在下午上课，在吃早餐时我幸运地遇到了著名特级教师支玉恒老师。我连忙趁此机会请教支老师。听了我的设想后，支老师问道："你想过没有，飞蛾、香瓜子的事例和听心跳的事例有什么不同？"不同？我一下子愣住了。一直以来，我只着眼于三个事例的相同点，那么，到底它们有什么不同呢？

支老师解释道："飞蛾的命运掌握在谁手里？作者手里。香瓜子的命运呢，也由不得它自己选择，它偏偏就落在了砖缝中。它们都不能掌握自己的命运。但是作者呢？"一言惊醒梦中人。是啊！在大自然中，只有人，才能掌握自己的命运啊！难怪作者写道："……那一声声沉稳而有规律的跳动，给我极大的震撼，这就是我的生命，单单属于我的。我可以好好地使用它，也可以白白地糟蹋它。"这时，文本中的一字一句如打字机般在我脑海中清楚地画过一道道痕迹，兴奋的心情使我的头脑开始超高速运转——办法有了！

课堂回放：

在过千人的会场中尽量让自己平静下来并不容易。这样改可以吗？应该可以的，我要对自己有信心。等待了十分钟，学生来了。于是，头脑中自动忽略了众多的听课者，心目中只剩下我的学生——三十位昆明学子。上课了！

教学片段：

师：生活中有哪些东西，可能被我们白白地糟蹋了？

生：水、珍贵的木材、时间。

师："白白地糟蹋它"是指糟蹋生命，说说这样的例子。

生：不好好读书、吸毒、做违法的事。

师：怎样才是"好好地使用"？

生：不浪费时间。

生：珍惜一点一滴的时间，做有价值的事。

生：用有限的生命去做有意义的事，实现自己的目标和理想。

师：现在我们明白了，对待生命有两种不同的态度。谁来读？

生：我可以好好地使用它，也可以白白地糟蹋它。

师：如果通过你的朗读能让我们感受到这两种态度的对比，那就更好了。

生：我可以好好地使用它，也可以白白地糟蹋它。

师：谁还能像他那样读？

生：我可以好好地使用它，也可以白白地糟蹋它。

（学生齐读）

师：听老师读这个句子，你还感受到什么？我可以好好地使用它，也可以白白地糟蹋它。（掌声）谢谢大家给我的鼓励。

生：老师您读得很好。

师：好在哪里？

生：我听出了一个意思：生命的路是可以选择的。

生：我感受到人对待生命的态度是可以选择的。

师：杏林子也曾遇到这样的选择。她曾经在一篇文章中写道：（出示）我不知像我这样既没有念过多少书，又瘫痪在床上的病人到底有什么用？我活着到底是干什么？仅仅为了自己受苦、拖累家人吗？我真的要在病床上躺一辈子，永远做一个废人吗？不！（播放心跳声）当她听到这一声声沉稳而有规律的心跳时，一个声音从心底蹦了出来：不！绝不！此时此刻，如果你就是杏林子，你会怎么想？

生：不！我绝不会放弃自己的生命！连飞蛾和香瓜子都珍惜生命，我也一样能做到，我必须对自己负责。

生：不！生命只有一次，如果我放弃了自己，就白白地糟蹋了宝贵的生命了。我可以选择做一个有用的人，做更多有意义、有价值的事。

生：我可以做一个对社会有用的人，只要我选择这样的生活，只要我有勇气、有毅力，我就一定能坚持下去。

生：当我面对困难的时候，我不能选择逃避，那样我就会白白地糟蹋生命。我要选择像飞蛾和香瓜子那样顽强地活下去。"天生我材必有用"，我一定能创造出属于自己的价值。

师：是的，被杏林子抓住的飞蛾尽管可以挣扎，但它的生命掌握在谁手里？

生：杏林子。

师：瓜苗尽管也在努力向上生长，但它能够选择自己的生存环境吗？

生：不能。

师：只有人，才能牢牢地掌握自己的生命！如果现在你再读这个句子，会怎么读？

生：我可以好好地使用它，也可以白白地糟蹋它。

师：读书就应该这样，不放过一字一词，深入地品味其中的含义。对待生命有两种不同的态度——

生：我可以好好地使用它，也可以白白地糟蹋它。

师：对待生命的态度是可以选择的——

生：我可以好好地使用它，也可以白白地糟蹋它。

师：选择的主动权在我的手里——

生：我可以好好地使用它，也可以白白地糟蹋它。

我的反思：

曾经百转千回的问题，终于得到圆满的解决。飞蛾和香瓜子的事例，之所以让作者震惊，是因为它们激起了作者心头的波澜：就连不能掌握自己命运的小小飞蛾和香瓜子，尚且求生，更何况是可以牢牢掌握自己命运之舵的人呢？支老师的一席话，使我胜读十年书——有时候，看问题的角度，就决定了理解的深度啊！

三教《生命 生命》，有赖专家名师的指点，我获益良多。汇成三句话，珍藏心中：

着眼全局，整体考虑，体现文本的一体。

善于取舍，提炼问题，决定设计的效度。

转换角度，巧妙挖掘，提升课堂的深度。

点评：

三次设计、三次专家支招、三次课堂实施、三次自我反思……麦老师在教学实录中撷取一些具有代表性的片段，并对教学中发现的某一问题进行专门思考和讨论，原汁原味地再现了精品课例形成的过程。

(三) 精品课例成果如何表达

课例与案例也是容易混淆的两个概念，两者的区别在于，案例自始至终是围绕特定的问题展开的，是以问题的发现、分析、解决、讨论为线索的；而课例展现的是某节课或某些课的教学实际场景，虽然其中也包含着问题，但问题可能是多元的、没有明确的问题指向的，并且实际场景的叙述、师生对话的描述等常是列举式的，没有像案例那样经过细致加工。两者在文体的结构上也有着一定的区别，案例的表达形式一般表现为"背景+问题+问题解决+反思讨论"，课例的表达形式一般表现为"教学设计+教学实录+教学反思"。

其中，"教学设计"是解决问题的方案（教学预期）；"教学实录"是解决问题的做法（教学生成）；"教学反思"则描述了"教学预期"的实现程度，也就是问题解决的效果（教学评价）。课例的各部分内容，正好对应了当前中小学教研活动中最常用的几种形式：①集体备课与说课（共同拟定教学设计方案、说明教学意图和教学策略）；②观课或者是听课（相互观察课堂教学的过程）；③评课或者是议课（授课教师与其他教师对本节课的讨论与评价）。

从设计到反思，是教师研究运行的基本过程，涉及教师研究的基本环节，在实际成果表达的操作中，有着形形色色的写作变式。我们列举三种比较有代表性的写作框架，进行简单介绍。

1. 完整的教学设计+详尽的教学实录+对比式教学反思

这种形式是在完整介绍教学设计的基础上，对教学过程中的详尽场景进行如实记录，再现课堂教学全过程，使读者有身临其境之感，并且主要从教学预设和教学实际目标达成角度进行反思。

2. 教学设计思路说明+提炼后的教学场景+整体教学反思

这种形式首先对教学设计作简要说明，然后对教学过程中产生的实际素材进行加工，呈现出教学的总体进程，最后再对教学作总体性的反思。

3. 教学设计+教学片段+"观察点"的教学反思

这种形式与前两者最大的区别在于，它是在教学实录中撷取一些代表性的片段，在呈现这些片段的基础上，着重对其中蕴含的问题进行反思。它既不同于第一种形式原汁原味地再现教学整个过程和场景，也不同于第二种形式将实录素材作剔弊理纷的处理，而是择其要者，就教学中发现的某一问题进行专门思考和讨论。

需要指出的是,在实际写作中,常常是以上三种形式的变式组合。

案例16 阅读课的"有意设计"和"无意呈现"①

一、背景

阅读教学是中学英语教学中的重要内容。中学英语教师的阅读设计能力直接关系到学生阅读能力和综合语言运用能力的提高。那么,教师应该如何设计有效的课堂阅读任务,提高教学效率呢?诚然,教学设计要有明确的目的并具有可操作性,要以学生的生活经验和兴趣为出发点,内容和方式精良自然,设计的活动应有利于学生学习英语知识,发展语言技能,从而提高学生实际语言运用的能力。在设计阅读任务时,教师应把课文作为一个整体来教。教学环节设计应该考虑以下几点:

(1)阶梯形活动链原则。任务应由浅入深,前后连贯,层层深入,注意任务之间的衔接和层次,以保证课堂教学的整体性和流畅性。教学呈阶梯形推进。

(2)可操作性原则。任务要与阅读话题密切相关,并贴近学生的生活实际。教师应考虑所设计的任务在日常生活中是否存在,以及如何使任务更有意义和可操作性。任务设计要求教师自始至终引导不同层面的学生积极参与,主动完成具体任务。

(3)教学的艺术。一节课犹如一台晚会、一出戏,要做到一气呵成。教学的每个步骤,每个环节,都得讲究艺术性。备课时的"有意设计",课堂上的"无意呈现",都可以像一根线那样把教学内容缝合得天衣无缝,让学生在各个环节的教学中将知识吸收,内化,最后输出。

二、问题的发现与解决

在11月的一节为市公开课热身的试教课上,我是这样处理阅读课《Cultural Relics》(Unit2,Book2)的引入的。师生结束了简短的相互问候

---

① 本文作者是广州市第五中学陈冬梅。原文题目是《一节课,一出戏》,选用时省略参考文献并略有编辑。

之后，我就直奔该课的主题。

— (T)：Do you know what a cultural relic is?

话音刚落，学生们就七嘴八舌地在座位上说开了。都说成功的导入能激发学生的学习兴趣，乘着学生们主动参与学习活动的气氛，我给他们读出之前设计好的几个句子（包括关于对文化遗产的概念、特点、归属等的一些说法），让学生们进行"True or False"的判断抢答，以此进一步激发学生学习的热情。这道题的设计主要是为学习课文内容做好铺垫，同时这也符合练习从易到难，循序渐进的原则。该环节选用的句子如下：

1. All the old things are cultural relics.

2. A cultural relic has survived a long time.

3. It can be a building, object or item that was made sometime in the past.

4. It must be rare.

5. Cultural relics are things that people valued in the past and continue to value now.

6. Cultural relics belong to all the peoples and the whole society, not to a certain individual.

7. Cultural relics are symbols of history and the people who lived in the past.

同学们把手举得高高的，很自然地就加入到抢答的大军中去了。学生的学习兴趣的确是很快就被调动起来了，这是很多老师在实施教学时所盼望的一种效果。当时心里挺乐的，觉得这个设计蛮好的。接下来在文章内容理解完之后，我组织了一个小组讨论活动，话题是关于当时广州市为迎亚运会所进行的"穿衣戴帽"工程，同学们对此看法如何？这个工程的实施，会造成一些文物遗产的破坏吗？学生们经过几分钟的小组讨论后，也的确能够踊跃地汇报讨论结果，而我则把他们的一些主要观点板书在黑板上。课上到这儿，感觉似乎还不错，师生们在轻松愉快的气氛中完成了教学目标。试教后，听课的老师们和我一起坐下来对这堂课进行分析，直到这时候，我才发现这节表面上上得热热闹闹的课其实还存在着不少不足之处。

现在，我们的确有很多老师在进行教学设计的时候，只是单一追求热闹的课堂气氛，或仅仅关注学生们参与度的高低，却往往忽略了对课文的整体性学习，忽略了设计时各环节的连贯性，使学生们对篇章的整体理解及其文体特点的理解都会有所缺失。反观自己试教课的头尾设计部分，的确有各自为政的感觉，编排得有点粗糙了。综合了几位老师的意见之后，我又搜集了一些资料，然后对此课的头尾部分进行了比较大的改动。

公开课正式时间安排在12月上旬，那段时间天气很冷，国内北部地区正遭遇严重的雪灾。人们的生产、生活都受到了严重的破坏，这其中还包括对长城等文化遗产的破坏。根据新的设计要求，与学生们的问候结束后，我自然地通过谈论当天的天气入手。

——（T）：Is it cold today? …

紧接着继续问话，

——（T）：What's the weather like in the North and Central China?

由于当时的雪灾信息在报纸、电视等媒体上都有广泛的报道，学生们很容易就接上了话题，你一言我一语地说开了。然后，老师就在他们回答的基础上利用自然灾害引入主题。

——（T）：Yes, heavy snow hit many parts of North and Central China. The snow has caused tens of people death, people's daily life and transportation destroyed. And some cultural relics cannot avoid the natural disaster at the same time, like the Great Wall. So, today, I really want to discuss something about cultural relics with you.

这次的设计，开头通过谈论天气入手，利用"自然灾害"——雪灾对一些古迹的破坏来引入文化遗产这一主题。而在Post-reading部分则利用"人为破坏"这一因素，通过讨论广州新河浦洋房被拆改建商品房事件，引导学生们表达自己对此事件的态度并展开小组讨论，从而启发他们认识到保护文化遗产的重要性与必要性——社会的发展不能以牺牲历史为代价，城市建设与保留文化遗产其实并不矛盾。新的设计从引入到结束部分都较好地利用了学生们当时所熟悉的一些热点信息，一气呵成。各部分的衔接自然、流畅，没有给人牵强的拼凑感。讨论部分设计如下：

（首先承接上一部分内容进行自然过渡）

— (T) Ok, Just now we've learned the attitude of the writer towards the missing of the Amber Room. So, what about your attitude to it?

— (T) Yes, to most of us, we feel sad about that since we couldn't give protection to the Amber Room in time. Its missing is a loose not only to Russia but also to the whole world.

— (T) Now, I want to know your attitude towards the following event.

同时，老师通过PPT呈现一些图片（大家熟悉的部分广州洋楼旧照），

— (T) These are what we could see before.

接着，老师继续呈现另外一组正在被拆毁的建筑物图片，

— (T) Have you heard of the event about pulling down some historic buildings for commercial housing in Dongshan District（新河浦洋房被拆改建商品房事件）?

— (T) These are their pictures taken recently.

— (T) What do you think about what you have seen?

……

学生们要讨论的这一话题是当时报纸、网络上热议的话题，而被讨论的事物又是我们所熟悉的广州有名的建筑群，因此，学生们的参与意识很强。显然，要设计出有效的课堂活动，教师就要更多地考虑学生的主体性因素，以学生的生活经验和兴趣为出发点，贴近学生的生活经验，使学生在一定的真实或模拟真实的情境内体会语言。

学生们的任务要求如下。

Group discussion：

A hot topic：Some of the historic buildings have been pulled down for commercial housing in Dongshan District, Guangzhou. As a result, new buildings will take the place of the old cultural relics.

For or against, and give your reasons：

— Write down your points while discussing.

— Choose a reporter to make a speech to the whole class.

(I am for/against it, because of the following 3 reasons…)

……

在课的结束部分，我们不能忽略课后一定的作业也是课堂教学反馈的形式之一，同时这也是一节完整教学课的必要组成部分。这节课的作业正好可以让学生根据课堂上刚结束的讨论，以书面形式按照教师所提供的框架进行写作练习。

Assignment：
Write a report based on your discussion, using the following guidance.
Para. 1：State the question.
Para. 2：Give the ideas that agree/disagree with the question and the reasons.
Para. 3：Give your opinion and the result of the discussion.

课上到这里，这出"戏"才完整落幕了。

总之，教师是整个教学活动的设计者，是学习目标的引导者，也是学习群体的协助者。教师应当遵循课堂阅读教学设计的原则，树立以学生为主体的思想，精心设计阅读教学的各个环节，充分调动学生参与阅读的积极性。只有这样，才能提高学生获取信息、分析问题和评判思想的能力。"教学有法，教无定法"，教学设计同样"有法"，却无定法，指的是其有它内在的规律性。教师只有明白其规律，在进行教学设计时，把阅读材料与教的对象及教师自己的教学环境等因素联系起来，理顺教学设计的思路，确定教学目标，拟定实现目标的最佳方式和途径。有效的阅读教学任务设计取决于它能否帮助学生在其思路的指引下，有效地参与到课堂教学中去，在课堂活动中是否习得语言知识，语言实际运用的能力是否得到提高，最终是否能找到适合于自己的学习策略。而作为教师，只要勇于研究、创新，不断进取，必定会形成属于自己的课堂教学模式，并通过不断的实践，使课堂教学真正做到有效、高效。

三、反思

（1）本节课在设计上，从引入到结束部分都较好地利用了学生们当时所熟悉的一些热点信息，一气呵成，自然流畅。如开头通过谈论天气入手，谈论当时中国北方部分地区严重的雪灾所造成的破坏，其中就包括对文化遗产的破坏，利用自然灾害引出主题。而结束部分，则敏锐地利用广州新河浦洋房被拆改建商品房这一人为破坏文化遗产的事件，引导学生们表达自己对此事件的态度并进行小组讨论，从而启发他们认识到保护文化遗产的重要性与必要性——社会的发展不能以牺牲历史为代价，城市建设与保留文化遗产其实并不矛盾。

（2）每一个环节的设计，目标都很明确，过渡自然。如开头其中一部分是通过图片道出我们耳熟能详的几处广州著名的文化遗产，进而引出中国之外的琥珀屋。这样，学生们对信息的输入不会觉得突然或不自然。在进行篇章的深层理解后，老师做简单的小结，提醒学生今后若接到这种文体的写作任务时，应该如何操作。在了解了作者以及学生们对琥珀屋失踪事件的态度后，老师进一步提出想了解学生们对广州当时热议的洋房被拆事件的态度——是支持还是反对？理由是什么？并指导学生们进行小组讨论，学生自行选出本组的一名同学对该组的讨论情况向全班同学做一个简短的汇报。

（3）作业方面，则要求学生把当天小组讨论的情况按照老师所给的指引以书面形式表达出来。这样，学生们在语言输出环节中不仅仅得到口头上的锻炼，还能通过笔头的训练加深对保护文化遗产这一主题的印象。

（4）学生的阅读练习设计，难度依次递增。老师能根据文章的篇章特点（叙述性文体），引导学生分别从时间、地点、人物及事件等几个方面理解其细节，让学生通过三次阅读快而轻松地掌握文章的主要内容。当这些问题都解决后，再引导学生对文章进行深层思考，其中包括研究作者对琥珀屋失踪的态度，还有就是总结叙述性文体的篇章特点。这个环节的操作能较好地引导学生形成良好的阅读习惯，在今后的阅读中，他们能根据不同文体的篇章特点，有的放矢地进行快速阅读。如这节课的阅读资料就是个典型例子，学生们明确了文章的体裁后，迅速抓住时间、地点、人物等几条线索进行寻读，大大提高了阅读效率。

点评：

讲台也是舞台，教师即课程，学生也是课程。课程是师生交互过程中

生成的一种学习资源,因此要善待课程。备课时的"有意设计",讲课时的"无意呈现",其实也只有精心设计才能随意挥洒。

四、成果表达形式之四:教育案例

(一) 什么是教育案例

"案例"已经成为广大教师的"通用语言"。如果说近来教师研究及教师教育领域中有什么新的动向的话,案例研究与开发可以说是其中突出的表现之一。

教育案例是一种教育性事件。事件只是教育案例的必要条件,而不是充分条件,换句话说,事件还只是教育案例的基本素材,并不是所有的事件都可成为案例,能够成为案例的事件,是有条件的。

教育案例是一种真实性事件。案例虽然是一个饶有趣味的故事,要与故事一样生动有趣,但案例与故事的根本性区别在于:故事可以杜撰,而案例所反映的必须是真实发生的事件,是事件的真实再现。

教育案例是一种典型性事件。作为教育案例的事件必须具有一定的典型性,要能够从这个事件的解决中说明、诠释类似事件,要能够给读者带来这样或那样的启示、体会。

教育案例是一种疑难性事件。能够成为教育案例的事件,必须包含一定的疑难情境(有问题、有矛盾需要解决)在内,并且包含解决这些疑难情境的方法与思考。

教育案例是一种情境性事件。案例所描述的事件应该是在教师的课堂教学或班级管理过程中,而且是在近三至五年内发生的,具有特定的时空范围与真实场景。

在小课题研究成果表达形式中,我们特别强调教育案例的撰写。为此,我们团队出版了《如何撰写教育案例》著作,开发了《如何撰写教育教学案例》网络课程(广州市教育局认定,32学时),开设了"教育案例博客",在小课题研究联盟中,多次开展"小课题研究案例征集评选活动"。

撰写教育案例就是对发生在特定时空范围内的、真实的、典型的、具有一定疑难问题的教育事件进行生动的描述与反思性解读。①

教育案例撰写为校长和教师提供了一个记录自己教育教学经历的机会，会让教师关注自己日常工作背后隐含的问题，可以促进教师对自身行为的反思，促使教师隐性知识显性化，促进教师成为"思考着的实践者"和"实践着的思考者"，从而改进实践，提升教学的专业化水平。

案例 17 "刺头"不再棘手②

"陈老师，小杰午睡时屡次大声说话，被值班老师批评教育后不但没改正，还顶撞老师！"值日班长匆匆从午睡室跑过来告诉我。透过办公室窗户，只见小杰被午休当值老师"请"到门外等候处理，隐约中传来他谩骂老师处理不公……

第二天早操时，小杰向负责看操的老师谎称肚子不舒服，回到班里，他把饮水机撞倒了，并摔坏水龙头。当他又一次被带到办公室时，脸上仍旧是一副无辜的样子。那张随时为自己辩护的嘴巴虽没那么大声了，却还能听到他小声地不断嘟嘟囔囔，似乎满腹委屈……

又到了学校每月例行检查学生手指甲卫生情况的时候。小杰再次被班上的值日队干部揪到我这儿。我先是拉他到洗手间把手洗一洗，擦干了水后拿起自备的指甲钳将他十根手指头上又黑又脏的长指甲剪掉，磨滑。他朝我白了白眼，非常勉强地任我"摆布"，嘴上振振有词地说着长指甲有这般那般的好处……

这是我刚接该班两周不到，被其他老师认为是"刺头"的小个子男孩接二连三给我制造的"惊喜"。这时我才留意到小杰那张黝黑的脸蛋上有一双大眼睛，但眼神空洞游离，很难从这双眸子里捕捉到他的想法。虽然

---

① 闫德明、费伦猛：《如何撰写教育案例》，现代教育出版社 2009 年版；教育案例 & 教学风格研究博客（http://blog.sina.com.cn/jiaoyuanli2010）。

② 本文作者是广州市海珠区海联路小学陈燕妮老师，选用时略有编辑。

那件被他弄脏的校服已通知他的家长领回家清洗;虽然午休值班老师当着我的面将他严厉地教育了一番;虽然摔坏的饮水机已被更换,小杰家长做了赔偿,事情好像都已告一段落,但我总感觉开学才不久就出现以上事件,再联系起他留给大家的那个"刺头"印象,便迫使我不得不想办法去了解这个小家伙到底是哪路"好汉",为何如此"棘手"?

通过家访我了解到:小杰10岁,属单亲家庭。他从外地转到我校已经半年了。前一任班主任在小杰到校一个月后就发现小杰常常不交作业,即便老师再三提醒和要求,他仍旧我行我素。家长对孩子在校情况的了解,仅仅通过老师的电话反映,且基本都是"告状"来的。无论在学业上还是在纪律上,受到的大多是任课老师的批评与否定。虽犯错,但他从不在自己身上寻找原因,更不会主动认错。每每让他将自己与同学对比时,他总感到样样不如人,事事失公允。在与他的交谈中我得知:自上幼儿园起,他就没几回是受表扬的;所做的事没几回是被认同的,他几乎是在批评声中走过来的。面对我,他自诩:我才不稀罕那些表扬呢!可当我请他看着我的眼睛再将这话说一遍时,他先是愣了一下,即便再说,口吻也不如刚才那般嚣张,说完了还不为人所察觉地轻轻哼了下,便不再作声。

首先,家访后,我翻看了小杰之前的部分作业评价和手册评语,发现他之所以有这样的表现是有例可循的。看着一沓沓本子中又大又红的"叉";看着一本本手册中句句语重心长的"教导",我心中很不是滋味。我想,没有人能够长期忍受被指责,更何况是正在适应一种新的学习、生活环境的孩子。长期生活在这样的心理压力下,那么,自卑、压抑的心理必然会产生。长期地遭遇这些不被肯定的气氛,将会使人气馁,失去对学习的兴趣,这也许就是导致小杰学习上缺乏积极性、主动性的原因。其次,在该班过去一个学期的"违纪登记册"里,不乏小杰的大名。它让我想起首次拿起这本册子时班长的一句不经意的话:陈老师,不用看了,里面登记的大多是小杰的名字。册子天天挂于黑板旁,难道不会对小杰造成情感上的影响?他长期与权威的代表如学校的规章制度、老师、家长、班干部等对立,形成某种思维定式就一定有可能了。他会认为自己做什么事都不会被人看重和理解,把自己的改错或者进步认为是一种妥协,对老师的教育也就不大接受,所以才有知错不改、顶撞老师的言行。最后,自尊心是一个人品德的基础,若失去了自尊心,一个人的品德就会瓦解。小杰已进入中年级,破罐子破摔的心理有逐渐形成的趋势,自卑的自我评价和随意的自我监督不力也并不是一朝一夕形成的。犯错找借口,逃避责任,说明他缺乏上进的信心和克服困难的毅力。

症结找到了,也许我的判断不够准确或完善。但既然接手该班,就要趁早抓住时机给孩子一种新的感觉,一个新的机会。

首先,我刻意制造"爱"的气氛,让孩子感受关怀。来自单亲家庭的小杰,从上幼儿园起便失去了母爱。虽说他是父亲的唯一挚爱,但在父亲身上体现的是严父之爱,他从没感受过来自母亲的细腻温柔的爱,比如手指甲长了帮他剪一剪,他高兴时可以在父母面前撒撒娇,受委屈了能伏在妈妈的怀里哭一哭。我有必要让家长知道,小杰需要这些来自亲人的爱。父亲不能再是单一的角色,而应是既当爹又当娘,既要当严父又要当慈母。这样,才能让小杰完整地感受到来自家庭的温情之爱。

第二次家访,我的家访对象不是小杰而是他的父亲。我将自己的感受与想法以及即将对小杰开展的"关爱"计划——和家长交流,达成共识。

要让小杰知道老师和同学都是爱他的。针对小杰,我为全班的孩子印制了这样一张记录卡,有正反两面,内容可以文字或印章表示(见表5-3)。并与班委商量后决定取消"违纪登记册"。

当我在班上宣布取消"违纪登记册"时,小杰虽未雀跃,眼角却露出了一丝难以察觉的微笑。他那双大眼睛原来是会说话的。随即我下发了成长记录卡,邀请同学们上完课后留言或找老师做记录。当天的语文课一上完,我主动走到小杰跟前向他索取记录卡,他一脸疑惑,嘴上问道:"老师你要干什么?"犹豫地把记录卡递给我。当看到我郑重地在"班主任赞一个"和"我的上课表现"两栏分别盖上一个鲜红的"大拇指"印章,身边围观的孩子们异口同声地发出"哇!哇!""你是获赞第一人啊!"等呼声时,只见小杰的嘴角微翘,紧接着发话了:"才一面一个,哇什么哇!"好!正中我下怀,我要的就是这效果,只要你嫌表扬印章少就行。再联合各任课老师配合我的这项工作,加大对小杰的关注力度,明确以找他的闪光点为主。

表5-3 我的成长记录卡

我的成长记录卡	时间：
今天的开心事（今天的心情）：	今天的遗憾：
班主任赞一个：	家长笑一个，提议：
任课老师：	
我的上课表现：	我的作业表现：
我的活动表现：	我的伙伴说一说：

其次，我要让小杰在学习上自信起来。爱默生说过，自信是成功的第一秘诀。一次，他吃力地听完了我在课堂上讲解关于人物描写应如何抓主要特征的写作方法后，小练笔习作开始了。小杰冥思苦想，终于完成了这篇习作。虽然文章的篇章结构不够合理，但语句却比过去通顺多了。我随即指导他对文章做出修改，并将他的文章向全班宣读。只见他的眼中流露出一种从未有过的异样的光芒。从那一刻起，我发现小杰在一点一点地变化，变得对学习有信心了；作业认真了，他的书写本来就不差，欠缺的是态度。

最后，我在班级中创设一种积极的舆论环境，通过班级活动改变小杰原来的角色，设置某种条件，把他这"刺头"角色对象推到班级的"展示台"上，让他显现出自身的光和热，重新在人们的视线中呈现一个有尊严、受人尊重、被人信任的人。小杰虽身材矮小，但灵巧过人，每每参加学校的运动会总能在短跑项目上取得骄人的成绩，为本班争得荣誉。机会来了，区田径运动会开始选拔人才，我极力推荐小杰为学校代表队中的一员。他也不负众望,在比赛中夺得全区该项目组的第三名。学校、家长大力褒奖他取得的成绩,我则带领全班同学在班上举行了一个"欢迎获奖者归来"的简短而热烈的班会课,让他那张爱说话的嘴巴与同学们分享赛场上紧张、激烈的场面……

成功的喜悦使小杰开始重新认识到自己的价值。随着时间的推移,我发现,他渐渐意识到了老师们的良苦用心,不再一味抵触老师和同学们善意的批评了。从他与别人的交往和学习态度上;从成长记录卡老师和家长的反馈中,我也渐渐感受到,他正在进取,有信心、也有勇气。

"陈老师!不好啦!不好啦!小杰和五年级的哥哥打起来了……"班上一位学生朝我跑来喊道。我大吃一惊,心里凉了半截,难道……没等我往下想,又有几声——"老师老师!哥哥的鼻子流血了!"

我随低年级的这几位学生奔到卫生室,只见小杰满嘴是血,坐在椅子上等候卫生老师擦拭、清洗。一看见我,他立刻站起来,捂着鼻子连声说:"老师,没事!他不是故意的。""是我不好,都怪我。"我才留意到他身边一位高大点的男孩,男孩满脸愧疚道。

怎么回事?

"是你不对!你违规了!"

"老师,我们几个在快乐园地的滑梯玩,我们都是一个接一个从上往下滑,可这大哥哥故意从下往上爬,还非要我们朝上退回去……"

"小哥哥看见后就跟大哥哥说滑滑梯不可以这样玩,叫他别欺负我们……"

"大哥哥不但不听,还说小哥哥多管闲事,从上面跳下来……就撞在小哥哥身上……小哥哥爬起来鼻子就流血了……"

经刚才那几位带我下来的小朋友断断续续的描述,我终于明白了大概。

小杰微微仰着头,一手接过卫生老师递给的纱布按着鼻子,一手朝我拼命摆。我是知道的,他让我不要批评弄伤他的同学。

我立刻感到小杰似乎一下子长大了,懂事了,他会替别人着想了!

通过小杰的案例,我感到,还是过去我的老师说过的那番老掉牙的却又浅显明白的话来得真切和实在:真正的教育只缘于老师心底对每位孩子真切的爱、真切的关怀。因为有了爱,于是有了付出;因为有了真诚的付出,于是有了唤醒;因为有了唤醒,于是有了孩子们的感动。这些感动也许不会马上让我们感觉得到,但是一定会有,因为在小杰考上理想高中后的第一个教师节,我收到了一张贺卡,里面有这样一段文字:

"……亲爱的老师,您还记得当初刚做我班主任时给我剪指甲的那件事吗?您送给我的指甲钳我一直带在身边。那一幕我永远不会忘记,您让我想起了我的妈妈,小时候,妈妈就是像您那样给我剪指甲的,也是拉着我先把手洗一洗,然后擦干手上的水,再由大拇指开始把指甲剪干净,将逐个指甲尖磨平磨滑……您当时的动作、神情和我妈妈像极了。那一刻以后,我总感觉和您特亲近,真希望您就是我妈妈,那该多好呀……这指甲钳对我来说已不仅仅是用来剪指甲那么简单,还在于不断地提醒着我在未来的人生路途中,身心上不可滋长为人不端的污垢,一有发现要立刻剪除。谢谢您,老师……"

点评:

生活在孩子的世界里,教师是幸福的!只要我们弯腰蹲下,观察孩子,一定能真切地感受到他们那与成人截然不同的世界。这样,再调皮的孩子也会变得可爱;再棘手的"刺头"也能被抚平!

(二) 如何撰写教育案例①

教育案例不是教研论文,不是经验总结,不是工作汇报,不是教学设计,不是虚构一个教育故事,不是呈现一项规章制度,不是制定一个发展规划。

教育案例的撰写几乎没有一个统一的格式,没有一个为人人所遵循的模式化的"写法"。但从案例所包含的内容来说,一个相对完整的教育案例大致都会涉及以下几方面。

---

① 闫德明、费伦猛:《如何撰写教育案例》,现代教育出版社2009年版。

（1）标题。一般地说，案例有两种确定标题的方式：一是用事件定标题，即用案例中的突出事件作为标题；二是用主题定标题，把事件中包含的主题析离出来，作为案例的标题。

（2）引言。引言也可以说是开场白，一般有一两段话甚至一两句话就可以。主要描述一下事件的大致场景，隐晦地反映事件可能涉及的主题。

（3）背景。案例中的事件是发生在一定的时空框架之中的，是依托一定的背景的。在案例的叙述中，对背景的交代之所以重要，是因为对案例中的问题进行分析与评判，方法是否得当，措施是否合理，需了解事件的原委，离不开背景。背景的叙述可分为两个组成部分：间接背景和直接背景。间接背景是与事件相关但关联程度并不直接的背景；直接背景是直接导致事件发生并与事件联系最为密切的背景。

（4）问题。案例区别于一般事例的最大特点就在于有明确的问题意识，是围绕问题来展开的。在描述中，需要讲明问题是什么，如何发生的，产生的原因有哪些。这部分内容需要详尽地描述，要展现问题解决的过程、步骤，以及问题解决中出现的反复、挫折，也会涉及问题解决初步成效的描述，切忌把问题解决简单化、表面化。

（5）反思。教育案例是由工作生活在教育教学第一线的教师自己完成的。撰写案例的过程，也就是对自己解决问题的心路历程进行再分析的过程，同时也是梳理自己相关经验和教训的过程，因而，反思与讨论是不可或缺的一部分。教育案例的反思要做到"三要三不要"：要简明扼要，不要长篇大论；要真情实意，不要假话套话；要紧扣主题，不要海阔天空。

（6）附录。并不是每个教育案例都有附录部分，是否安排附录，要视案例的具体情形而定。附录中的内容，是对正文中的主题有补充说明作用的材料，若放在正文中，会因篇幅过长等而影响正文的叙述。

案例 18　把"班刊"种在心田①

在我的班主任工作生涯中，最值得一提的是我创建了"班刊"，"班刊"对学生以及家长都起到了很好的激励作用。

那一年，学校安排我接手三年5班。当时，这个班的状态是学生纪律松散，成绩差；家长对老师的工作诸多怨言，曾多次来校投诉老师的工作；个别家长甚至还为了一点小事到学校来闹事。

我小心翼翼地接下了该班，生怕说错了什么话，做错了什么事，得罪了哪位家长。我勤勤恳恳地教着该班，几乎每天下午放学后都要留学生辅导。一个学期过去了，虽然家长对我的工作有许多不满，但没有家长来校投诉我。一年过去了，我发现，这是我从教以来工作最辛苦的一年，也是成效最低的一年。许多学生身上不良的习惯一直难以改观。由于班上好动的学生多，受影响的学生也多，课堂纪律一直是老师们头疼的问题。班干部工作的积极性不高。语、数、英三科期考成绩均排全年级最后。而我自己也因此得了严重的颈椎病。为什么？

孩子成绩上不去，班级管理不好，实有误人子弟之嫌。"你们当老师的应该把孩子管得让家长放心、满意。"家长的言下之意就是如果老师向家长反映孩子在校的不良现象，就是给家长添了麻烦，就是老师无能……我无言以对，谁叫社会对老师的期望这么高，还流行着"没有教不好的学生，只有不会教的老师"的说法。我反思着，寻找着解决问题的方法。

没错，教育的方法是多样的。在自己用了言传身教、举事例、讲道理、搞活动、评比等各种方法，效果都不佳的情况下，为何不尝试创新，用其他方法来治班？当我翻开魏书生的《班主任工作漫谈》时，魏老师为了提高班级管理自动化的能力，办了《班级日报》的做法给了我极大的启示。我所教的是小学生，孩子们还没有办报的能力。但我深知语言文字无

---

① 本文作者是广州市海珠区万松园小学吴沙鸥。原文题目是《"班刊"的激励作用》，选用时略有编辑。

第五章 结题：小课题研究成果表达形式

声胜有声，对人心灵的震撼有多大。为了对学生起到激励作用，我抱着尝试一下的想法，产生了办"班刊"的念头。我仿照魏老师的做法，结合自己班的实际情况，初办的"班刊"，内容涵盖了"暑假作业小结及展示""我们的荣誉"（学生和班级所获得的各项荣誉及班中的好人好事）、"各科测验前十名""点评开学半学期每个学生身上的闪光点""各单元作文欣赏""警钟长鸣"（曝光班中各方面的不良现象）、"做人原则""班中事事有人管，人人有事管的分工表""班级新闻""表扬家长"等方面。本想印刷成一份小型报纸，但收集整理完有关资料后，发现内容偏多，是一份报纸所无法承载得下的。于是在热心家长协助排版下，把有关的内容排版、印刷、装订成册，命名为"班刊"，足足15页。

家长从"班刊"中看到了我对班级的付出，看到了我对班级的热爱，也看到了我对班级的期待。看完"班刊"后，家长纷纷给予了热情洋溢的评价。

昱超的妈妈说，"班刊"是班主任老师辛勤劳动的结晶，是班级的缩影和象征，是家长了解班级和学生的窗口，也是家班互动的基础和桥梁。它凝聚了班主任老师对学生浓浓的爱，每一个学生都有闪光点被老师发现、挖掘，不抛弃，不放弃，这是最令人感动的地方。

郭倩的爸爸说，"班刊"是一片田野，挂满了丰收的果实；"班刊"是一面镜子，照出了同学们的优点与不足；"班刊"是少先队的号角，鞭策着同学们奋发进取。

师洋的妈妈说，"班刊"虽"薄"，却"厚"，它记载了班中的点点滴滴，图文并茂，有板有眼，使学生和家长获益匪浅。这本"班刊"是班级文化建设的重要组成部分，它促进了良好班集体的形成，同时能让学生有一个展示自己才能的舞台，是老师和家长共同交流的一个平台。特别是"作文欣赏"部分，让学生可以互相学习交流，丰富学生的知识，增强学生的学习兴趣，对学习起着推动作用。

洋霖的爸爸说，"班刊"里有墙报、成绩榜、班中学生的事迹、做人原则等；"班刊"里还有儿子的作文，作文虽然还很幼稚，但这是他的第一次，这是很好的激励，为日后打下了坚实的基础，培养了写作兴趣。看得出吴老师花费了很多时间、精力、心思才做出了这么精美的"班刊"。

"班刊"一发到学生手上,学生个个捧着"班刊",爱不释手,在"班刊"中寻找着自己的名字,看到自己受表扬,看到自己的作文被登出来,喜悦之情洋溢在脸上。看到自己的不良行为被曝光,影响了班集体声誉,感到内疚。

"班刊"读后感:

郭瑞元说,"班刊"终于印出来了!我怀着激动的心情,无比期待地打开"班刊",精彩的内容展现在眼前,这本记录着快乐与友情的"班刊"讲述了我们的成长。当我翻到第2页的内容《教师节的礼物》时,我的眼睛湿润了,这讲述的是我和李心雨送给老师的礼物——贺卡。老师在最后写道"多么懂事的学生,多么尊师的学生,多么让人难忘的学生。你们的礼物温暖了老师的心。谢谢你们,我的学生"。看了老师的话,我想:真正该感谢的是您啊,老师。是您辛苦教育着我们,是您教导我们,指出我们的缺点。我们只是要感谢您一下,比起您来,又算得了什么呢?我在一本书上看到过这样一句话"父母的恩情,是无论如何不能替代的"。其实,老师的恩情,不也是这样吗?老师,看了这几句话,我觉得很难忘,真的很难忘。我以后会加倍努力,好好学习来报答您的教育之恩。虽然这次我的测验成绩不太好,不过,您放心吧,我保证,我会拿到好成绩的。

何芷晴说,我从"班级新闻"中知道了学习进步前十名的同学是谁,让我产生了要加把劲学习,努力争当第一名的想法。

何苑滢说,看了"暑假作业小结",我感到很惭愧,身为中队委,但我却没有完成所有的暑假作业。

郭倩说,看了"做人原则",我知道了做人要大气,与人相处时要学会包容别人,不要只顾自己,要站在别人的角度想一下。

四年级上学期前半段,第一期"班刊"出版后,我惊喜地发现,大部分学生学习主动了,参与学校开展的有益活动积极了,同学之间的相处友好了,令人头痛的课堂纪律也在悄悄地发生着变化。学生的成绩普遍有所提高。班际墙报比赛,我班荣获级组第一名。班际眼保健操比赛,我班获得第二名。

第五章 结题：小课题研究成果表达形式

家长和学生除了评价"班刊"，也为今后办好"班刊"献计献策，于是，第二期"班刊"增加了"序言""目录""家长交流平台"（如家长们的"班刊"读后感，教子心得）、"班主任寄语"（有对学生的寄语，也有对家长的寄语）、"数学园地"（由数学老师提供）、"英语园地"（由英语老师提供）、"学生的活动照"等内容，共57页。

第二期"班刊"出版后，四年级上学期也进入了尾声。期末考试，我班的语文、数学平均分已由之前位居第五升至第四。英语更是由之前的第五升至第三。第一学期，我班被评为"红旗中队"。郭瑞元写的读后感《帮助别人是自己的快乐——读〈杰罗尼摩的欢乐假期〉有感》获得广州市羊城书香校园活动之"小学生暑期快乐阅读读后感征文活动"二等奖。李心雨和陈珞瑶在第14届全国中小学生绘画、书法作品比赛中荣获三等奖。

四年级第二学期，第三期"班刊"有了自己的名字，叫"心田"。洋霖爸爸说，喜闻"班刊"要起个名字，我想俗语说"种瓜得瓜，种豆得豆""一分耕耘，一分收获"，就给它起名"心田"吧。"心田"是老师、家长、学生用心血和汗水灌溉的一个地方，希望的田野。经过老师、家长的一起努力，它一定会结出丰硕的果实，让我们共同努力吧！同时，"班刊"增加了"我们学习的榜样""语文常识""心理知识""生理知识""生活小常识""小练笔"（以便让更多学生的习作能登上"班刊"）。"班刊"在实践中不断改进。

如今，我已经办了四期"班刊"了。"班刊"起到了很好的激励作用和桥梁作用。办"班刊"牺牲了我许多休息时间，但看到学生的改变，看到学生取得的成绩，看到班级取得的荣誉，看到家长向我投来信任、满意的目光，我虽辛苦，但也享受着其中的快乐。

下面是学生和班级所取得的各方面的成绩：

（1）学生寒假作业的质量提高了，郭瑞元的读后感《没有对手，自己就不会强大》荣获学校语文科征文比赛一等奖，李心雨的《巴西龟》获得二等奖。何芷晴的《写给市长的信》获得第十一届世界华人学生作文大赛二等奖。

（2）有许多学生积极向《现代中小学生报》投稿，其中李心雨的习作《如何在家务劳动中保护自己》《保护自己心灵的窗户》被《现代中小学生报》刊登。

（3）有许多学生参加了广州市第五届儿童诗歌创作大赛，虽然没人获奖，但学生对诗歌有了一定的感悟。

（4）广播操班际比赛，我班获二等奖。

（5）何师洋的手抄报"亚运知多少"和何芷晴的绘画作品获得学校队部评比二等奖。李心雨的手抄报"我心中的亚运"和郭瑞元的手抄报"环保亚运"获得学校队部评比一等奖。

（6）由于我班养成了良好的卫生习惯，保持课室整洁的卫生环境，被评为"卫生先锋班"（全年级就评出了我们一个班）。

（7）老师们用我班进行试教，所上的公开课均受到好评。从"拿5班试教行不行啊？"到"正式上课时的班要没5班这么出彩怎么办？"连校长也改变了对我们5班的看法。学年末，我班有53.5%的学生评上了"三好学生"。

（8）李心雨、郭瑞元、何芷晴获得本学期学校"书香少年"称号。

（9）郭瑞元由于读过的书上百本，被学校推荐参加省"阅读之星"的评比。

……

"班刊"激起了学生的竞争意识，哪位学生不想上"班刊"被表扬呢？那是多么光荣和自豪的事情。"班刊"也激起了家长的竞争意识，哪位家长不想自己的孩子上"班刊"受到表扬呢？毕竟每位学生和家长都能从"班刊"中了解到班中其他学生的情况。如果自己的孩子在"班刊"中受表扬，那是多么有面子的事情呀。于是，学生的学习积极性高了，家长也能主动配合学校和班级的工作了。校长笑着对我说，自从你接了该班，再也没有家长来校投诉老师了，你真有办法。

点评：

"班刊"起到了很好的激励作用。它在无声中改变着学生，改变着家长，改变着整个班。为什么能做到这一点呢？因为"班刊"浸润了大家的"心田"。

五、成果表达形式之五：行动研究报告

掌握撰写教育行动研究报告的技巧并不困难，对某些教师来说，也许只需要花费少量的时间就可以掌握撰写教育行动研究报告的技巧。

不同专家学者对行动研究报告提出了不同的写作格式，但从所包含的内容来说，小课题行动研究报告一般包括以下几个部分。

（一）问题的提出

描述自己教育教学活动中遇到的实际问题，讲明问题是什么，如何发生的，产生的主要原因有哪些。必要时，对问题涉及的关键词、核心概念需要进行诠释，提示小课题研究方向和角度。问题名称的表述要简练、准确，要使用科学概念和规范用语，不要使用具有文学色彩的修辞手法。

（二）我是如何解决这个问题的

这部分内容需要详尽的描述，要展现问题解决的过程、步骤，采用了哪些具体的改革措施或方法。在问题解决过程中，需要进行简短的文献综述（或者选取有代表性的问题解决的方法进行摘录说明），要与科组、备课组老师等进行"同伴互助"式交流，目的是看看别人是怎样解决这个问题的，已经解决到了什么程度，还有哪些有待进一步研究的问题。

（三）问题解决的成效分析

这部分主要是对自己解决问题的心路历程进行再分析，梳理自己相关经验和教训，采用质性的或量化的方式说明问题解决的成效，主要涉及的内容有：①在问题解决过程中有哪些利弊得失；②有哪些体会与启示；③效果如何。

作为小课题研究，回答"效果如何"时，既可以大量采用"教育事

件""教育故事"来描述行动研究之前和行动研究之后的变化,也可以鼓励学生在"日记"或"周记"中写下自己对于教育行动研究(教育改革)的体验和感受,然后,选择有代表性的学生感受纳入研究的结果与讨论的范围。还可以采用量的方式,收集必要的数据并做必要的统计分析,为了增强解释的说服力,可以利用前测和后测的数据对比显示出来。如"初中'列方程解应用题'教学难点的破解"这一小课题研究,就可以在大型考试(如期末考、联考等)中将"列方程解应用题"这类试题的得分情况进行统计,比较学生学习成绩在研究之前和研究之后所发生的变化,或者与"平均分"比较差异。当然,除了"试卷"之外,也可以采用"访谈"或"问卷"的工具来检测学生的学习兴趣在研究之前和研究之后所显示的差异。

案例19 我的角色课堂[①]

一、角色课堂的缘起

角色课堂的尝试源于我早年的教学嗜好,记得语文课本里有一篇课文《豆芽的旅行》,讲的是一根豆芽从口腔通过食道,来到胃,进入小肠、大肠,最后到了肛门被排出。本来这篇课文介绍的是人体的消化器官,但我受此启发,让学生扮演豆芽角色来体会和叙述所见所触所感,结果那节课大获成功,学生也兴致不减,不管什么课文,率先切入角色状态,不仅学得有趣,展演课更成了学生课堂的狂欢。后来,我当上校长,牢记蒙台梭利那句话:"应让儿童自由地表现自己的自我,自己的思想,以神圣的劳力依照自己的情感去创作,让孩子学会驾驭自己的才能。"就这样,我提出了一整套角色理论的课堂模式。

角色课堂即角色模式,是把学习内容角色化,学习形式角色化,这是教育的二次革命,是改变学生学习方式的深刻变革,即由传授式学习转变

---

① 本文作者是河北省廊坊市固安县英才中学校长何志杰。资料来源:梁恕俭博客(http://blog.sina.com.cn/liangshujian),选用时略有编辑。

为探究式学习。角色模式的四个步骤：一是确立角色定位，二是找出角色观点，三是组织角色语言，四是开展角色演讲。"角色课堂"是"高效课堂"的途径与方法，是容易操作、实效性强的教学模式。"进行角色展演"是解决学习内驱力的最好手段，是打开知识宝库的金钥匙。为了展演好角色，学生势必要进入角色，为自己的"观点"构建"支撑"。人的天性中都是有表演欲望的，让学生把他的学习成果当众亮相，互相欣赏，互相学习，是鼓舞也是鞭策，能最大限度地激发学生学习的积极性，从而你追我赶，见贤思齐。

比如学习安徒生的童话"皇帝的新装"，可以让学生先从皇帝、骗子、官员、骑士、百姓、小孩等视角进行"角色切入"，再分头从课文中去寻找"角色观点"（相当于传统的人物性格分析），最后是组织"角色语言"，为最终的"角色演讲"作努力。而这个"演讲"，可以是"读"，可以是"讲"，可以是"演"……总之就是让学生展示他的所学所获。"角色"也可以大胆地假设，或是托着空气的内侍，或是课文中没提到的妃嫔，或是那架织布机，总之，不同的视角会有不同的故事，全员的交流就有了全面的收获。语文教学相对容易进入角色，咱再从理科角色化问题来探讨。再次明确，一切皆角色，思路就会打开。比如地理课"城市结构"可以这样进行角色设想：以武汉、北京等城市为角色，自述区位，按自然、经济、政治、文化区位特点逐一介绍，可与洛阳、杭州、西安等古都作比较，突出北京的政治文化优势。也可以环绕地球飞行的卫星、蜻蜓、蝴蝶等为角色，去俯瞰北京等城市的自然区位特点。还可以骑自行车环球旅行者的角色去介绍所去过的世界大城市的区位特点。还可以四个不同区位特点的城市的对话形式外加评论员的评论来开展综合性学习。

二、角色课堂实录

授课班级：初一147班

授课：何志杰

课题：济南的冬天

（铃声响，教师进教室，全体学生起立）

师：上课！

生：老师好！

师：请坐。

（教师板书"济南的冬天"，继而擦去"济南"两个字，改成"_____的冬天"）

（点名学生完成填空，先后有四名学生上去先后填写"济南"两个字）

第五排一女生：温暖的冬天

响晴的冬天

无风声的冬天

师：温暖、响晴、无风声，用词好！

（教师板书"济南的冬天"）

今天，我们依据这篇课文来学习如何进行"角色作文"。同学们都知道，按照角色课堂要求，进行角色作文需要这样的构思步骤，那就是：

（板书）

（1）选择角色切入。

（2）确立角色观点。

（3）构造角色支撑。

（4）形成角色脚本。

下面，在我们的互动下，向着角色脚本进发。可以吧？

生：好。

师：我尝试写了一个脚本，我读给大家，请同学们来听，我写的是"济南的冬天"：秋天来了，我们的雁群就要举家南迁啦，去哪里度过这漫长的冬天呢？我建议去济南，到济南去过冬吧。

师：我这里是什么角色？

生：大雁。

师：我们说，角色可以是书中的，也可以是课外的，我是取自哪儿的？

生：课外的。

师：那我看，你选什么角色？

生：小山。

师：济南周围都是小山。

生：小树。

师：小树见证了济南的什么？

生：气候。

师：对，它见证了济南温暖的气候。

生：水。

师：济南的水很美。济南的别称叫"泉城"。济南城内有好多眼泉水，一年四季往外咕嘟咕嘟冒出水来，犹如花朵，漂亮极啦。还有吗？

生：麻雀。

师：好，麻雀是有灵性的东西。

生：小草。

师：冬天的小草，依然带有淡淡的黄色。

生：大明湖里的荷花。

师：你真了不起！还知道济南有大明湖。

生：山上的雪。

生：柳树。

生：……

师：还有什么？

生：水藻！

师：水藻？这可难写啦！

生：有办法写，倒影。

生：济南的人！见证了济南的冬天。

师：老舍是一位很伟大的人，在文章中，没有人物，偌大的济南居然没有突出描写一个人，甚至连一只动物也没写。

还可以举出很多。总之，书里、书外可以找出很多，都可以举出来作为角色，只是用的语言不同罢啦。现在，回到本课"济南的冬天"。我们来看里边写了什么。

生：天气。

生：水。

生：山。

生：小村庄。

生：景物。

生：地形。

生：雪。

师：同学们来看看作者的观点。首先说写天气，然后写山，最后写水。

生：写山多。

生：写山秀。

师：山美，水美，为什么没写人呢？甚至没写什么？

生：动物！

师：山是美的，水是美的，雪是美的，总之是山、水、雪美，赞美济南的自然美，这是作者的观点。接着，我们来构建支撑。天气角色的支撑：响晴，无风声，温晴……我们能不能用这几个词来说"天气好"呢？

（接读教师自己的角色作文）作为一只普通的燕子至于这样说总是有根据的，我跟着奶奶去过那里。相信姐妹们听后，不去济南那才怪呢。济南虽然也属于北方，但绝没有北方那凛冽如刀的寒风。（插话：可以用其他课文中的语言，可以从原书中去找，也可以动用自己头脑中原来储存的，如我用的"凛冽如刀"这个词）即便有风也从不发出呜呜的声响来，伸出手来，似乎还有些暖气。至于阳光，也绝没有热带似的那么酷烈。济南的冬天算得上是响晴的。在北方，冬天绝不会是如此温情的。冬天的济南也算得上是一块宝地吧。

师：好啦，按书上说也该写山了对吧。怎么写的？

生：有摇篮。

生：可爱的秀气的小山。

生：穿上花衣。

生：安适。

生：理想的境界。

生：……

师：构建支撑，可在书中借用，也可在书外借用，但要大胆地借用书中的语言。经常性地使用，便会变成自己的东西。

（接读教师自己的角色作文）姐妹们，你们可不要认为它仅仅天气好，它可风景如画哪！我首先要告诉你们的是，小山整整把济南围了一个圈，在济南的北边预留了一个小门，像是随时恭候着我们似的。这圈小山冬天特别可爱，好像把济南放在一个摇篮里，对我们说，这儿很暖和！我们刚到济南附近，似乎有了着落，我们从小山上看，便会不知不觉地感到，这里也许还是春天吧！小草看起来怎么还有一丝丝绿色哪！我们绝不是眼花，要知道我们鸟族的视力可是极好的！济南的冬天真美呀，真慈善呀。

师：我再看雪是怎么写的。

生：（读课文描写雪的句子）

生：害羞。

生：山的肌肤。（读课文描写雪的句子）

师：还有吗？这个小组回答的少，是否还在思考？

生：雪小，济南没有下过大雪。

师：确实，但多少也有小雪，要不怎么叫冬天哪。那纯粹是为我们造的一个景观。看，（读书中的原话）你会觉得这一花衣……等到日落的时候……山腰，露出一点淡淡的本色。雪写完，该写什么啦？

生：水。

师：此时望去，有着无数狭窄的山峦，里面是静卧的小村庄，村庄里零零散散的小屋，屋顶上满是不时融化的白雪。那袅袅升起的炊烟，拨动着生命的跳动。你会说这是一幅巨型水墨画，你甚至还会认为这是出自唐代哪位名家的杰作。又该写什么啦？

生：水。

师：要多用书上的。

（教师接读）我的燕子姐妹们问我，那里有水吗？我道来：那里不仅有水，而且有很美的水。你去看趵突泉吧，那里一天24小时咕嘟咕嘟地冒水，犹如一朵朵白莲花，可美了。再不，你去大明湖，要是在夏天，成群的白鹅在水面嬉戏。现今结冰的大明湖就像一面硕大的镜子……姐妹们,下面怎么骚动起来啦?啊,大家着急起来啦,那么,我们一起振翅出发吧,向着济南……

师:好啦。希望大家有所收获。我布置一下作业,写一篇作文《济南的冬天》。可任选一个角色。一文百角,百角百篇。后天交。

下课。

生:老师再见!

三、角色课堂的反思

引进角色的目的就是使学生不仅学会和会学,更重要的是会用,会创造性地运用,在盘活现有知识的基础上实现知识的增值。进行角色化学习可以使抽象的内容具体化,复杂的内容简单化,无序的内容有序化,枯燥的内容趣味化,冷漠的内容情感化,从而激发学生的学习热情和内驱力,使厌学变为爱学,使苦学变为乐学。教师角色的变换和角色的投入,可以使教师减少或杜绝职业倦怠,使师生在学习过程中感受到探求知识的无穷奥妙和无穷乐趣,感受到智慧的灵动和生命的张力,在教学相长中享受学习的乐趣、成长的喜悦,从而享受各自的幸福人生。角色课堂的核心和关键是学生自主学习过程中的自主开发和自主运用。角色学习即角色入境学习法是一种高效低耗的学习方法,其优势在于能够使学生尽快摆脱传统课堂的束缚和教师的硬性牵引,从而自主地在学习的道路上迅跑。角色课堂重点在课堂实践,其生命力在于多种理解和不同解读,在课堂实践过程中,逐步发现细节,逐步完善思路,逐步纠正偏差,从而不断充实、发展和完善。

开展角色课堂的实践研究是一个全新的事物。在具体操作层面只是刚刚迈出了一小步,还有许多问题和困惑亟待解决,渴望得到专家的指点和教育界同仁的帮助。

(1)在形象思维较突出的文科开展角色学习,学生和教师均感如鱼得水,得心应手,在理性思维较明显的理科开展角色学习,师生均有畏难情绪,不好操作,不易把握,步履维艰,此问题如何解决?

(2)角色课堂对教师和学生的素质要求较高,要求教师和学生要整体地高屋建瓴地洞悉教材知识体系,才能站在一个全新的角度去统摄知识、整合知识、运用知识、创生知识,在实践的初始阶段,在师生素质还不能与角色课堂的素质要求相匹配的情况下,如何边实践边提高师生素质,使实践研究的进程不受影响?

(3)角色课堂对于师生素质均较高的区域重点中学非常适合,而我们这些只能招收三、四类生源,师生素质相对偏低的学校如何顺利开展角色课堂实践研究并取得最佳成效?

(4)角色课堂较为适合小班制教学,在班容量超过五六十人的班级里如何开展角色学习?

(5)角色课堂直接指向学生的能力培养和学生整体生命的构建,如何落实双基,适应中考、高考,做到素质教育和应试教育两不误?

(6)由于教师的素质和水平参差不齐,对角色课堂的态度和理解程度不一,出现了既不是传统课堂,也不是角色课堂的"四不像"现象,此问题如何解决?

点评:

对于中小学教师而言,行动研究就是一种"在行动中","通过行动","为了行动"而进行"研究"的方法和过程。何志杰校长正是这样行动的!

案例20 历史剧——让学生动起来的历史课[①]

在一次简单的学生问卷调查中,接近70%的学生觉得历史课枯燥无味,有很多东西要背,上课就想睡觉,很烦。如何从培养学生学习兴趣出发,改变单一的传授式教学?我尝试在高一的两个班中,组织学生结合历史人物和事件,在课堂中自编自演历史剧,有意识地将历史剧引进课堂教学。

---

① 本文作者是广州市第七十六中学赖昱娟老师。原文题目是《借助历史剧形式提升高中历史教学的实效性》,选用时略有编辑。

一、让学生在"编"的过程中动起来

将历史剧引入课堂，结合学生年龄、心理特点，既要考虑"剧"的要求，也要考虑历史"课"的特点，要注意以下几点。

（1）和学生一起制定活动目标。追求有效课堂的原则让许多老师都明白，没有明确的活动目的，那就是为活动而活动，为表演而活动。尤其是现代的学生，思维都比较活跃，在课堂上表演，他们总是很喜欢加入许多"现代"的元素，如果我们放任自流，让学生随意发挥，那就叫"闹剧"，不是历史剧。因此，在教师的引导下，制定明确、具体的学习目标，在基本符合史实的基础上编制剧情，是十分重要的。

（2）剧组的组建。将全班同学分成若干大组，每一组选一个学生代表作为总负责人。

（3）剧务的分解落实。我们第一次要求学生在历史必修一教材中选取内容，四个小组内容不能重复。在搜集资料和自学教材的基础上，每组的准备时间为四周。具体分工如下。

①编导：每组成绩优秀的学生根据所学内容自己编剧本、台词，定角色，做好排练历史剧的准备工作。

②表演者：每组成绩较差的学生一定要参与表演，组内的其他人也可以根据剧本的需要参与表演。

③评论组：每组要有2个中等生对其他组的历史剧表演挑错误，并且用所学知识给予解说。

（4）课堂演绎。我们用两节历史课，让学生在课堂上进行演绎，教师做好一个穿针引线的角色就可以了，课堂上大部分时间可以让学生自己发挥。新课程理念也强调："学生是学习的主体，教师是学生学习的组织者和引导者。"

（5）互动评价。历史剧的表演，如何评价呢？单纯性欣赏点评或者具体量化为分数是否可取呢？教师单纯性的欣赏评分，这种做法忽略了学生的参与程度。但是如果让学生漫无目的地点评，又失去了过程性体验的重要性。所以我认为，应该设计出一个过程性评价的量化表，让学生不仅参与课堂的即时交流，而且也能提高他们的演绎水平。

第五章 结题：小课题研究成果表达形式

表 5-4 历史剧表演评价表

		内容筛选与信息加工	小组合作、组织情况	演绎效果（道具、口头表达、演绎方式等）	创意以及特色方面
优秀	自评				
	他评				
	老师评				
较好	自评				
	他评				
	老师评				
改善	自评				
	他评				
	老师评				
你的建议					

二、让学生在"演"的过程中动起来

高一期中考试后，我选取了两个班，将"历史剧"引进教学，活化历史，将繁杂枯燥的历史知识生动活泼地重现在学生面前。

采用历史剧教学，学生可以扮演历史人物的特定角色，亲身体验跌宕起伏的剧情，由此切入，学生就能够受到启迪，产生兴趣，学得更有动力；如果能够进一步挖掘文章蕴含的人文因素，以情动人，学生必然会学得更加自觉、更加深入。如学生编写的历史剧《烽火戏诸侯》中的第三幕，剧情如下：

【剧情演绎】《烽火戏诸侯》

场景：烽火台

人物：周幽王、褒姒、虢石父、众诸侯

周幽王：爱妃，这次我一定要把你逗笑的。（信心满满的样子）

褒姒：（面无表情）哦？是吗？之前每次你都是这样说的，这一次你又要做什么无聊的举动？

虢石父：大王，可以开始了吗？

周幽王：嘿，来人，点火！

诸侯甲：（惊慌失措）大王点燃了烽火台，可能是有敌人入侵了，我们赶快援助！

旁白：诸侯们十万火急赶到烽火台，却只看见周幽王和褒姒站在烽火台上。

诸侯乙：大王，敌人在哪儿呢？（一脸不解）

周幽王：（满意地笑）辛苦各位诸侯了，这里没有敌人，你们回去吧！

诸侯丙：（小声地说）什么？这个昏君居然在戏弄我们！

诸侯丁：（气愤地）就是！看来他以后点燃烽火台也只是为了逗妃子笑而已，我们回去吧！

旁白：褒姒看到诸侯们慌慌张张地赶来，又立即回去的慌乱模样，忍不住笑了。

周幽王：（龙颜大悦）哈哈，你终于笑了！虢石父，做得好，回去等领赏吧！哈哈……

旁白：后来有敌入侵，周幽王急忙令人点燃烽火台，但是……

诸侯甲：什么？烽火台又被点燃了？（惊讶）

诸侯乙：（不慌不忙）这次十有八九又是那昏君为了逗妃子笑，才点火的吧！

诸侯丙：就是！这次肯定也是戏弄我们而已，我是不会再去的了。

诸侯丁：没错，来，我们继续品尝这些茶点吧，别管他！

旁白：最后，一个诸侯也没赶来救援。周幽王和虢石父被杀，褒姒被俘，西周覆灭。

学生通过历史剧的编写和表演，大大地激发了学习历史的兴趣，加深了对历史的情感体验，培养了读取信息、迁移辨别、阐述历史、论证问题等的学科能力。他们发现原来历史还可以是这么精彩的，学得很有成就感。

三、让学生在"探"的过程中动起来

新课程要求，历史教学是"用教材"，而不是"教教材"，在开展鼓励学生自主创作历史剧的过程中，我常常被学生的参与热情所感染，也尝

试将教材整合为剧本,在新授课中用历史剧来贯穿整节课来上。

在必修二第7课《第一次工业革命》教学中,教材比较枯燥,知识点比较多,怎样才能将复杂的知识点形象化,将这节课上得生动和通俗化?以前上这节课时,都是老师灌输知识点,学生抄笔记,学生觉得很无聊,老师也觉得很沉闷。为了改变这种局面,我尝试重新整合教材,将课的内容改成历史剧本《威廉的一生》,讲述威廉如何在工业革命时期发展自己的事业,透过他的一生来感受工业革命爆发的原因、过程以及影响。让学生演绎这个剧本,让学生从欣赏历史剧中落实本课的知识,取得了较好的效果。

第一幕:创业篇

地点:家里　　人物:Jack、William

Jack:近段时间我们从黑奴贸易中赚取了不少钱,William,你有什么打算?

William:我打算投资手工工场,现在很多人投资这个行业,这个行业很赚钱。大哥,你觉得怎样?

Jack:我也是这样想的。我们国家已经改朝换代了,确立了资本主义制度。

William:是的,殖民扩张为我们商人提供了广阔的海外市场,商品供不应求。

Jack:好,我们兄弟齐心,进军商界。

William:大哥,我有个主意。现在羊毛需求量很大,我们也去圈地养羊吧!

Jack:好的。反正我们有的是钱。

旁白:于是两兄弟带着打手就去了一个村庄。

地点:村庄　人物:兄弟二人、打手、农民

William:这片土地不错,很适合养羊啊!

Jack:(大声叫)有没有人啊?

农民：先生，有事吗？

Jack：这块地是你的吗？

农民：是的。

William：这些钱给你，我们要在这里养羊。

农民：对不起，先生。我的土地是不会卖的。

William：无论你愿不愿意都要卖，这块土地我们是要定的了。

农民：先生，没有了土地，我们农民怎么活啊！我们一家5口就靠它生活了。

Jack：我才不理你的死活。来人，把这个人赶走。

农民：你们简直是无法无天。我的土地是不会卖给你们的。

（双方经过一番打斗，农民打不过打手，最后还是被拖走了）

农民：（一边被拖走，一边说）你们这帮流氓。然后放声大哭：我们一家以后怎么办啊！主啊，救救我吧。

William：你们帮我用篱笆、栅栏把这块地围起来，我要在这里养羊。

打手齐说：好的。

旁白：威廉兄弟把掠夺回来的资金投入到手工工场。开始时，生意挺好的，可是过了几年，出现了一个新兴的行业——棉纺织业，生意出现了危机。

【新知探究】从第一幕的表演中，可以探究的知识有：让学生自己从剧本中寻找工业革命的背景（一个前提：资本主义制度的确立，四个条件：资本、劳动力、技术、市场），同时，设计即时训练进行强化。

第二幕：发展篇

地点：办公室，商议企业转型　　人物：William、Jack

William：大哥，现在出现了一个新兴的行业——棉纺织业。我们的生意比以前差了。棉纺织业现在很火啊。

Jack：是啊！（哀叹）棉纺织品比呢绒更便宜，市场需求更大。

William：对，我们要与时俱进，转向投资棉纺织业。

第五章 结题：小课题研究成果表达形式

Jack：我听说哈格里夫斯发明了一种一次能纺出多根纱线的纺纱机，叫"珍妮纺纱机"。

William：好，我们就买几部投入生产。

秘书：老板，"珍妮纺纱机"是用人力的。现在出现了水力纺纱机，生产效率更高。

William：好，那我们马上买8部水力纺纱机。

旁白：机器生产取代手工劳动，生产效率大幅度提高，William家族的手工工场变成了大工厂。

到工厂巡视，有很多工人在进行棉布的生产。

William：不错，不错！现在使用机器比以前用手工劳动能赚更多的钱了。

秘书：是啊！但这些工厂只能建在偏远的河流峡谷，交通十分不便。

William：哎！（叹气）遇到枯水期工厂只能停工休息。

这时，Jack高兴地冲进来。

Jack（高兴）：好消息！好消息！

William：大哥，什么事这么高兴啊！

Jack：你看这份报纸上说，一位名叫瓦特的工匠经过了无数次试验后，改良了蒸汽机。这种蒸汽机能产生巨大的动力，而且不受自然条件的限制。

William：太好了！解决了我们的难题。我们马上去买10部回来。

旁白：过了几个月，William非常开心，偷偷地在笑。使用瓦特改良的蒸汽机后，每个月都赚几万英镑。他一边数着钱，一边看着自己的工厂。William的家族企业迎来发展的黄金时期。

地点：William家里　人物：儿子（David）、William

儿子：爸爸，爸爸。你的信，是法国的Henry表叔写来的。

William：谢谢！你读给我听吧！

儿子：（拿着信读）Henry表叔准备到英国考察纺织机械，进口机器，一行人准备7月28日起程，预计7月31日可到达，请你尽快做好准备工

165

作。此外，Henry表叔抱怨最近法国国内市场基本饱和，他的企业的产品准备销往亚洲一个叫中国的国家，问你有没有兴趣和他合作？

William：哈哈！我们英国的机器真受欢迎！

儿子：爸爸，爸爸。为什么表叔3天就可以从法国到我们英国？

William：儿子，你忘了，现在可以坐火车了。

儿子：对啊。爸爸，还有一个问题，为什么要将产品销往中国？

William：因为世界市场已基本形成了。中国是世界市场的一部分了。

【新知探究】从第二幕的表演中，可以探究的知识有：在让学生自己从剧本中总结工业革命的进程的同时，延伸到机器制造业的建立标志着工业革命完成，工业革命扩展国家：英国—法国、美国（如表5-5所示）。

表5-5 探究知识列表

领域	发明	国别	发明人
棉纺织业	珍妮纺纱机（工业革命开始的标志）	英国	哈格里夫斯
动力革新	改良蒸汽机	英国	瓦特
交通运输	汽船	美国	富尔顿

第三幕：晚年篇

地点：街上　　人物：William、Tom

William已经70多岁了，他已经将董事长的职位交给了他儿子。现在他在家里享受他的生活，经常带孙子上街，为孙子解答疑问。

一天，William带着孙子上街，孙子问了他很多问题。

Tom：（指着烟囱）爷爷，为什么会冒这么多黑色的烟啊？这是什么地方？

William：Tom，这里就是工厂。全国各地都有很多。工人集中在里面生产。我们家也开了好几家工厂。

走着走着，人越来越多，Tom很好奇。

Tom：爷爷，为什么城市这么多人口？而农村这么少人啊？

William：因为很多人从农村进入城市做工，他们在农村已经失去了土地，就在城市定居。我们国家已经实现了城市化。

走着走着，看到街上有人示威。

Tom：爷爷，那些人为什么要示威啊？他们是什么人啊？

William：机器大生产后，社会出现了两大阶级，一个是无产阶级，一个是资产阶级。我们就是资产阶级，那些人是无产阶级，他们要求获得更多的政治权利。

Tom：爷爷，今天我学到了很多东西。

William：很晚了，我们快点回家。

【新知探究】从第三幕的表演中，可以探究的知识有：让学生结合剧本和老师给出的补充材料总结工业革命的积极和消极影响。

如此教学，学生反应很活跃。学生自己亲自去寻找答案，而不是让老师直接给出答案。体现了新课程理念下的"学生是学习的主体，教师是学生学习的组织者和引导者"。师生用这种鲜活的表现方式，提升了历史课堂教学的有效性。

四、让学生动起来的初步成效

在高一教学中，有两个班采用了历史剧教学，我称之为"实验A班"和"实验B班"，表5-6、5-7、5-8是经过一个学期历史剧教学实践后实验班和对照班前后对比情况。

表5-6 学生对历史学习的态度变化情况

学生对待历史的态度	高一上期中		高一下期中	
	实验A班	实验B班	实验A班	实验B班
很喜欢，开动脑筋多思考	9%	7%	21%	19%
觉得有趣，会尽力学	13%	12%	45%	41%
感觉跟以前一样，应付考试	30%	31%	22%	25%
厌烦，无聊	45%	50%	12%	15%

表5-7 学生对历史学习的投入变化情况

学生情况	高一上期中		高一下期中	
	实验A班	实验B班	实验A班	实验B班
课前带着疑问预习，听课专心，课后有探讨，希望挖掘感悟	15%	14%	24%	26%
认真听课想学好（希望能学好历史）	20%	25%	38%	39%
尽量听课	30%	23%	25%	20%
很少听课	35%	38%	13%	15%

表5-8 与其他用常规教学对照，历史学业成绩对比情况

	高一上期中		高一下期中		高一下期末统考	
	及格率	平均分	及格率	平均分	及格率	平均分
实验A班	49.1	30.51%	64.1	70.2%	66.81	78.19%
实验B班	51.3	42.13%	63.5	68.9%	68.7	82.1%
对照班	50.6	41.2%	56.7	54.1%	60.21	63.64%

通过数据对比，可以得知：以历史剧的情境再现教学，能激发学生学习的兴趣。让学生喜欢历史，进而主动去学习历史，最终能提高他们的学业成绩。

总之，历史剧形式活泼、形象生动，将繁杂枯燥的历史知识演绎得生动有趣，让学生在体验之中记住历史知识和历史特征，从而激发学生学习历史的兴趣，并达到培养学生在理解历史教材的基础上进行知识迁移的能力的目标。笔者认为，在高中历史教学中引入历史剧表演活动，符合素质教育的要求和新课程标准的理念，是课堂教学的有益补充，是有积极意义的尝试。

点评：

历史课枯燥无味，怎么办？赖老师发动学生，利用教材等资源，让学生"自编""自导""自演"历史剧，促使学生在"自行探究"的过程中动起来。利用历史剧进行课堂教学，效果如何？经过调查，学生学习历史

的态度、学业成绩均有一定程度的提升。当我们在教育教学过程中,发现了问题后,采用适宜的方法试图去解决这个问题,并对解决问题的成效进行简明的分析,把这个过程"记载"下来的文本,就是我们倡导的小课题行动研究报告。

第六章　管理：小课题研究过程指导

小课题研究是一种教师实践改进的以校为本的教育教学研究方式，小课题研究管理是结合有关部门的指导和协调，以学校自身管理为主。

一、过程牵引，校本指导

小课题研究涉及人力资源、经费资源、信息资源等的有效利用，涉及教师日常各项工作的协调运行。加强小课题研究校本管理，是优化学校资源配置的需要，也是调动广大教师积极参与小课题研究的需要。怎样优化小课题研究校本管理呢？

（一）突出实践性

小课题研究管理对象是工作在教育教学实践第一线的教师，面对的是教育教学实践中迫切需要解决的问题。因此，小课题研究校本管理要紧密围绕中小学课程教改实践，将教师实践中的问题提升为小课题，组织教师在实践中研究，在研究中提高与发展。

（二）突出操作性

小课题研究校本管理，从内容看，包括计划制订、组织形式、制度保障、评价激励机制等方面；从过程看，包括计划、实施、检查和总结表彰等基本程序。因此，学校在放心、放手地让教师在小课题研究中发挥其选择性、自主性、能动性和创造性的同时，要加强校本管理，突出操作性，形成一定的规范。例如，要注重小课题研究过程管理规范，从教师提出问题、筛选问题并形成小课题，研究过程指导与监控，结题到成果交流等，要依据学校研究基础，提出规范性要求和指导性建议，引导教师提升问题解决的实效性。

案例 21　小课题研究规范管理建设指南[①]

为客观、如实地了解当前小课题研究规范管理建设情况，探究小课题研究在开展过程中存在的问题，以便有针对性地寻找深入推进小课题研究的对策，采用问卷调查的方式对某市基础教育系统进行小课题研究情况抽样调查。

问卷采用不记名方式，分发至某市中小学及幼儿园，由分管科研工作的有关负责人进行填写，填写结束之后回收至广州市某区教育发展中心，并对问卷进行筛选、处理和数据统计。本次调查共发放问卷 90 份，经回收、审查后确认有效问卷共计 86 份。

本次调查所涉及的 86 个样本学校分布情况如下：首先，从调查对象的学校类型来看，86 个调查对象中包含 7 所幼儿园、52 所小学、15 所初中、7 所完全中学及 5 所其他类型的学校（一贯制学校和完全高中），其中九年义务教育学校（小学、初中）占总调查对象的 77.9%，成为本次调查的主要对象。其次，从学校级别来看，调查对象中有 18 所学校为省级学校，27 所学校为市级学校，36 所学校为区级学校，级别分布的比例与某市全体学校比例相当。最后，从学校性质来看，86 个调查对象中公办学校占绝大多数，共计 77 所，占总样本量的 89.5%，另外，民办学校共计 9 所。本次调查所涉及样本学校在该地区基础教育系统分布比较合理，具有广泛的代表性。

1. 小课题研究规范管理建设分析维度

针对基础教育小课题研究活动的规范管理建设，在问卷中设计了小课题研究工作的保障、管理、实施与成效 4 个维度 23 项规范要求，主要内容如表 6-1 所示，由问卷填写人依据学校的真实情况按照"非常不符合""不符合""不确定""符合"及"非常符合"五个选项来做出选择，以此

[①] 本文作者是费伦猛。原文题目是《深化小课题研究的量化分析——基于广州市基础教育小课题研究现状调查》，载《课程教学研究》2016 年第 8 期，略有编辑。

评价该校小课题研究工作的规范开展情况。

表6-1 基础教育小课题研究工作规范要求

项目\维度	科研保障		科研管理	科研实施	科研成效
	领导重视	组织机构与队伍建设	制度与档案建设	研修与评价指引	课题参与面与成果推广
1	学校重视（教科研发展规划）	良好环境资源	完善科研管理制度	选题符合实际	课题研究参与面广
2	定期研讨科研	教师专业发展平台	科研计划与总结	开展专题科研活动	以科研培养骨干教师
3	专项科研经费	独立科研部门	教科研综合档案	召开科研工作大会	教科研资料编印出版
4	领导带头参加	明确科研要求	课题研究档案	进行教科研培训	开展校际交流
5	领导鼓励支持	以科研促进教师专业成长	—	教师考核评价	—

2. 小课题研究规范管理建设整体分析

根据对问卷调查结果的统计，按照23项规范要求，86所被调查学校的小课题研究工作的规范程度均在73%以上，与规范要求的契合度介于73.26%～94.19%不等。从调查整体来看，非常符合的比重占到41.7%，符合的比重为42.2%，规范契合度高达83.9%；不符合的比重为3.5%，非常不符合仅占1.9%，规范缺失度为5.4%。因此，从整体上反映出某市基础教育的小课题研究工作规范程度普遍较高，具体工作落实情况普遍较好。

3. 小课题研究高度规范契合度情况

具体来看，首先，依据调查统计结果，接受调查的86所学校小课题研究工作在学校重视、领导鼓励支持及明确科研要求这三项要求方面规范度最高，达到90%以上。94.19%的学校坚持将教育科研工作作为学校工作的重要组成部分，将其纳入学校发展规划，具备"科研兴校"意识，积极依托科研推进学校特色发展；93.02%的学校领导则积极支持并创造条件鼓励教师开展教育科研工作；90.70%的学校对教师的科研工作制定了明确详细的任务和要求。

其次，86所学校的小课题研究工作在定期研讨科研、领导带头参加、良好环境资源、教师专业发展平台、科研计划与总结、课题研究档案、选题符合实际及进行教科研培训8项要求方面的规范度达到85%～90%，主要内容如图6-1所示。其中，调查对象在教师专业发展平台建设和学校领导带头参加课题研究方面规范程度接近90%，绝大部分学校的校级领导能够积极带头参加教育科研，承担课题研究任务，推进教师专业发展平台建设，并设有专人分管教育科研工作；87.21%的学校小课题选题情况良好，既有促进学校特色和品牌的全校性科研项目，又有促进教师自身专业发展的"小、实、新"校本科研课题，领导定期依据学校实际和教师发展需要开展教师科研培训，例如学习教育教学理论、课程方案制订与科研方法等，以期提高教师的科研理论素养和基本研究能力。另外，86.05%的学校能够满足教师的科研需要，为教育科研工作的开展提供良好的环境和丰富的资源，定期制订学年科研计划和总结，系统收集、整理反映课题研究全过程的文字材料以做好课题研究的档案工作。

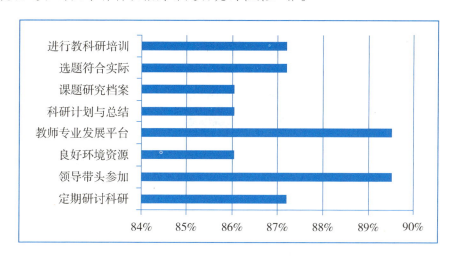

图6-1 中小学（幼儿园）小课题研究较高规范契合度

4. 小课题研究中等规范契合度情况

调查显示，在专项科研经费、设有科研主管部门、以科研促进教师专业成长、教科研综合档案、教师课题参与面达到40%、专题科研互动及教师考核评价七个环节，86所学校的规范程度为80%～85%，因此，某市基础教育的小课题研究工作在这些方面尚有待进一步提升。具体规范管理情况如图6-2所示。在以科研促进教师成长方面，84.88%的被调查对象具有明确的以科研促进教师专业成长的具体措施；83.72%的学校建立了教科研综合档案，将学校的教科研专项会议、理论学习、交流活动、研讨活动、考察活动、成果评审等整理为明确的文字材料，并有计划地组织开展多种形式的教科研活动；81.40%的学校在教师课题参与面方面达到40%的参与率。另外，80.23%的学校设有主管科研的职能部门，设有专项科研经费用于课题研究、科研活动开展和成果奖励，并采用适合实际的发展性评价模式，通过读书笔记、学习记录、论文评比、经验介绍等对教师进行综合考核与评价。

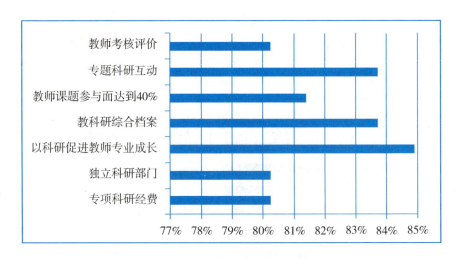

图6-2 中小学（幼儿园）小课题研究中等规范契合度

5. 小课题研究较低规范契合度情况

调查中23项要求中仅有5项要求的规范化程度低于80%，分别为科研资料编印出版、完善科研管理制度、召开科研工作大会、以科研培养骨干教师和开展校际交流。其中，76.74%的学校在校际之间或学区之间开展校本科研交流；75.58%的学校通过教育科研成功培养出一批骨干教师，且科研管理制度较为完善，具备科研组织管理、队伍管理、课题研究管理、成果管理、考核、检查、奖励制度等具体条例，每学年召开一次全校性的教科研工作大会，积极总结学校教科研工作的成功经验，这些均指向要进一步培养教师科研能力并增强科研激励制度。

透过现象看本质，为了进一步了解小课题研究较低规范契合度原因，我们设置了开放性问题来了解被调查学校中较为有效的科研支持鼓励政策和措施，以供借鉴参考。经统计，被调查对象共提出有效推进对策161项，在此将其简要概括为以下两点。

（1）建立以教师为主体的科研制度。经问卷调查结果统计，161项措施中有97项有效政策与以教师为主体的科研制度相关，即绝大部分调查对象均认为建立面向教师的科研政策对于推进小课题研究活动的深入开展具有重要意义。其中，58%的措施主要内容为建立科研激励机制，其中包括科研水平个人评比制度、科研奖励绩效制度、科研竞赛制度等；18.6%的措施内容为建立校内科研团队，开展科研讨论活动，例如成立科研小组定期举办科研交流活动、由骨干教师带头开展科研活动等；17.5%的有效政策内容为建立科研培养平台以提高教师的科研素养，其中包括派遣教师参加培训活动、鼓励教师自主学习科研知识及增加校际交流等；其余措施则集中在教师个人发展方面，例如学校安排与教师教学课程或兴趣特长密切关联的课题研究等。

（2）完善科研经费等相关保障措施。除建立科研制度外，调查结果显示，其余有效政策均与校内小课题研究的保障措施相关，其中有25条政策主要内容为提供丰富的科研资源与良好的科研环境，例如减轻教师教学任务、建立教研室、制定科研管理手册等；有20条内容指出，为小课题研究提供充足的经费保障至关重要，提出学校设立专门科研经费、为教师开展课题研究提供个人经费能够极大推进小课题研究活动的深入开展。另外，学校引进科研专家指导也成为调查中推进小课题研究的一项有效措施，其中包括引入校外专家进行合作研究、邀请校外专家对本校教师进行课题指导和追踪教学等。

中小学一线教师作为研究主体，深化小课题研究，意味着不断对自身教育教学工作的反思以及对教育实践困惑的追问，采用适宜的科研方法解决教育教学实践问题，提升教师专业素养和学校教育质量。随着教育改革的逐步深化，小课题研究作为中小学教师改进教学实践的方式和方法正是教师成为研究者的直接体现，既是促进教师专业化发展的有效途径，也是深化课堂教学改革的路径所在。

点评：

教育的健康发展离不开教育研究的规范运行，科研只有在规范的过程中，才能真正体现其实效性，小课题研究也不例外。学校开展小课题研究进行到一定阶段，如何更加科学地发现问题和难题，进行深化研究？小课题研究资深指导专家费伦猛教授团队，原创研制出《区域、学校小课题研究规范管理建设指南》（包括 4 个维度 23 项规范要求），围绕研究规范管理，在设立的小课题研究实验区中，不定期开展调查，精准分析小课题研究立项情况和小课题研究规范程度，完善以教师为主体的科研制度建设等现状，提升了小课题研究的效力，促进了教师专业成长。

（三）突出专业性

小课题研究也是教育科学研究，当然要以科学的精神和态度对待，也要接受学校的审查和监督，并且在教育科研部门的指导下进行研究。所以，要加强小课题研究专业指导。例如，针对普通教师对小课题研究缺少经验、操作存在一定难度的实际，学校要在操作技术上给予一定的指导，如小问题到小课题的筛选、研究方案的制订、研究成果的表达等。学校只要具备了从事小课题研究的技术力量保障，就能避免教师小课题研究中途"流产"或质量低下的尴尬。

案例 22　研教结合，校本指导[①]

近几年来，我区教育行政部门和教研部门大力推行小课题研究，并大力实施"全员工程"，取得了显著的成效，极大地提升了全区教师的学术素质。我校在积极组织教师参与小课题研究过程中，逐步建构了"以校为本"的小课题管理和指导方式，提高了教师参与小课题研究的积极性，促进了学校各项工作的整体发展。近几年来，我们的主要做法如下。

一、规范管理，校本指导

（1）理念提升。理念决定行动，在小课题研究过程中，学校领导通过各种形式，让教师切实践行小课题研究的前沿理念。如"人人参与，人人受益；以点带面，人人提高；强化管理，注重实效"的教育科研参与理念；"让小课题研究逐步成为教师的一项常规工作；与小课题同行，做一名快乐的教师""充分参与、有效研究、多出成果、享受快乐"的教师成长理念。

（2）动力激发。我校通过对教育现状和教师实际进行分析，让教师认识到：开展小课题研究是自我提高之需要，是提高工作效能之需要，是适应新时代教育教学改革发展之需要，是实现人生价值之需要，是提高自身社会地位之需要。并让教师体会到每一位教师都可以参加小课题研究，工作再繁忙也可以开展小课题研究，开展小课题研究不是教师的分外之事，它与教师的成长和提升教学业绩休戚相关。与此同时，我校建立起相关的评价激励机制，对于务实地开展小课题研究并取得较好成果和效果的教师，给予高度的评价。在评职晋级上给予倾斜，在业务提高上给予关注，在个人成长上给予指导，让教师能尝到参加小课题研究的甜头。学校还通过报刊、网络、电视台等媒体对学校的优秀科研教师、优秀研究成果进行

[①] 本文作者是泸州师范附属小学朱发华等。原文题目是《以校为本，强化微型课题研究的指导与实施》，载《四川教育》2010年第71期，第68-70页，选用时略有编辑。

宣传展示，让更多的人了解学校的研究动态和成果，进一步渲染学校小课题研究的氛围，提高教师参与小课题研究的积极性。

（3）队伍建设。我校建立了一支小课题研究优秀团队，包括管理团队、指导团队和研究队伍。管理团队一般由分管小课题研究的校级领导、教科室主任和兼职教研员组成。他们对小课题研究比较熟悉，有一定的研究能力。他们主要承担的工作有：建立相关的小课题研究管理制度，科学务实地拟定学校小课题研究工作计划和总结等。指导团队包括过程管理指导组和小课题评审组两个专业小组。过程管理指导组按学科进行组建，由学校领导和骨干教师组成，负责对学校本学科的小课题进行过程指导。教师在研究中遇到问题，可以找相关学科指导组成员进行咨询。小课题评审组的主要作用是在区、校进行小课题结题时，对教师的小课题进行评审，主要从成果、效果、过程、资料、创新等方面进行评审，并初步确定评审的等级以及提出相关改进意见。

（4）方法指导。在小课题校本指导中，方法的指导是非常重要的。它关系到教师小课题研究的成败，关系到教师研究积极性的形成，关系到一个学校研究氛围的形成。我校建立了学习机制，通过专家讲座、小课题展示交流、科研教师现场示范、举办观摩会等形式，借助专题网站（博客）、QQ群、学术论坛等载体，进行小课题研究校本指导。其主要内容包括小课题选题的指导、小课题研究方案的撰写、研究计划的制订、研究资料的搜集、研教结合的策略、成果提炼的指导等，让教师掌握一定的科研方法，了解小课题研究的具体程序，知晓问卷调查法、案例分析法等研究方法的一般流程；让教师知道既要关注小课题研究的结果，更要关注小课题研究的过程，能充分享受小课题研究过程和结果带来的双重快乐。

二、研教结合，过程牵引

小课题研究要特别注重研究过程的落实。要让教师的小课题研究和自己的教育教学结合起来，这才是小课题研究的真正目的。如何做到这一点呢？活动是载体，它可以让教师的小课题研究真正得到落实。因此，我们要注重小课题研究"研教结合"形式的创新。"研教结合"的主要形式有：

第六章　管理：小课题研究过程指导

（1）上课实践式。即上小课题展示课。通过上课的形式展示小课题研究的成果，在课前由任课教师结合小课题研究的实际，先进行10～15分钟的小课题研究说明，主要从小课题选题的背景、研究的主要目的、课题研究的措施、师生活动的开展、已取得的成果等方面进行说明。然后由教师上课，课后再由教科室组织专人对该课进行深入的研讨。听课人员可从上课教师是否实现自己的研究意图、体现的程度、今后改进的方向以及相关的建议等方面进行研讨，使上课教师上一次小课题展示课就能得到实实在在的提高。在这一过程中，也必将促进学校教研风气的进一步完善。此类形式的课我校每学期安排8～10节，随学校的常规教研课一并安排。

（2）常规研讨式。小课题研究经验介绍和研究进展情况汇报，是学校学科教研活动的一项重要内容。学校可选择一部分以学科教学研究为主要内容的小课题组，在学科教研活动中做课题研究情况介绍，让学科教研组的教师为其出谋划策，实现资源共享，共同进步。

（3）论坛促进式。即通过论坛的形式向全校教师展示自己的小课题研究成果和进度，让全校教师进行观摩学习，进行交流并提出研究建议。如我校每周四的"和谐论坛"上，都有两位教师登台演讲，一位行政领导点评。前卫的观点、朴实的做法、鲜活的观点、激烈的交锋，在论坛上时有闪现。在安排论坛发言教师时，学校教科室从小课题研究的角度选择了一部分教师作为发言教师，让其在论坛上交流自己小课题研究的心得、收获和体会，这极大地提高了教师强化小课题研究管理的自觉性和积极性。到目前为止，已经有近50位小课题研究教师上台发言，取得了很好的效果。如上学期，教师共同关注的话题为"走近教育大师，与大师同行"，老师们纷纷选择自己心目中的教育大师，对其教育理念、教学故事、经典课堂、成长历程等进行深入的思考和剖析，结合自己的实际情况，生动具体地阐述了与教育大师"对话"的体会以及自己的发展构想或学习目标，使教育大师们真正成为教师专业化成长的领路人。下一学期论坛的总主题是"我的教育理想"，参与论坛活动的教师就如何做好自己的本职工作，不断锤炼自己，成为一名优秀的老师；如何提升自己，使自己适应学校发展的需要，进而实现自己的人生价值；如何与学生共同成长等多个话题进行了研讨。

（4）答辩提高式。为了让小课题组的教师强化过程研究，力争取得优异的研究成果，学校建立了小课题答辩制度。在小课题结题前，让教师从课题基本情况介绍、课题研究目标达成情况、课题研究相关活动开展情况、取得的与课题研究相关的成果、对课题研究的反思、今后研究的目标定位等方面进行答辩、汇报。

（5）写作反思式。让教师围绕小课题研究撰写相关文章（如教学反思、教育案例等），积极参与各级评奖及发表活动。让教师经历从理论探索到实践操作，再从实践操作到理论提升的过程。教师撰写的小课题研究的成果，更是研教有效、有机结合的有力证明。学校还可定期开展评比活动，让教师的成果意识得以进一步增强；让教师能随时自觉地总结、提炼自己的研究成果，使写作成为一种自觉的行为。

（6）研习小组引导式。我校还充分发挥研习小组的榜样示范作用。如学校建立了"幸福四人组""和谐8＋1""科研别动队"等近10个研习小组，这些研习小组的教师大部分由学校的骨干教师组成，多次参加小课题研究，具有丰富的研究经验，让他们介绍自己小课题研究的经验，对其他教师进行引导，起到了事半功倍的效果。

学校在对教师的小课题研究工作进行全程校本指导和过程引领中，教师掌握了切实可行的科研方法和流程，提升教师参与小课题研究的积极性，让教师体验到研究的快乐，享受到成长的快乐。

点评：

小课题研究是一种校本的行动研究方式，在小课题研究管理过程中，学校在放心、放手地让教师开展小课题研究过程中，既要充分考虑小课题研究的特征和内涵，形成规范的校本管理和指导范式，又要结合中小学教师教育教学实际情况，创新研教结合形式，搭建多种校内研究平台，在教师教育教学实践中落实研究过程，提高教师问题解决的实效性。

二、宏微调配，区域推进

良好的机制，在理想状态下，甚至可以在外部条件发生不确定变化时，能自动地迅速做出反应，调整原定的策略和措施，实现目标的优化。因此，对于一个区域的小课题研究推行来说，建立良好的运行机制至关重要。其机制的建构必须结合小课题研究的特点，分析其可行性，发挥其科学性。

（一）可行性

小课题研究区域推进机制的构建必须考虑其可行性，没有可行性，机制就成了摆设，或者还不如摆设，甚至还给学校和教师增加负担，平添烦恼。更有甚者，会阻碍学校的发展、教师的发展、学生的发展，从而阻碍整个区域教育的发展。小课题研究只有在区域管理部门的要求和教师的自身工作需要相一致时，才能最大限度地调动教师的积极性。

如何发掘小课题研究区域推行机制的可行性？可从以下三个方面入手。

1. 基于现实的调查

基于现实就是从现实出发、从实际出发。对区域小课题研究的推行既不能拔高目标，也不能降低要求，而应该立足现实，找准时代需求和教师需求的切合点。

现实是什么？不能靠猜测，靠估摸，靠感觉，而要靠"把脉"，要靠开展全面深入的调查。现实的表现是全方位的，我们不能只将某一方面或某几方面作为决策的依据；现实表现出的很多东西都是表象，我们也不能将表象作为决策的依据。"全面""深入"既是我们调查的关键词，也是我们调查追求的目标。全面调查需要调查不同类别的学校（办学特色不同）、不同类别的教师（性别、年龄、学科）、不同类别的学生（年龄特点、个性特征）、不同类别的问题（与小课题研究有关的问题）。如广州市海珠区在开展小课题研究现状调查时，关注的问题有：①教师对小课题研究的认识；②学校小课题研究现有制度；③教师小课题研究特色；④教师小课题研究困惑；⑤阻碍小课题研究推行的原因等方面。

2. 关于定位的思考

在了解小课题研究的现状后，就要基于现状建构区域推行小课题研究的机制，这种条件下建构的机制才是科学的机制。构建的方法是抓住主要矛盾，"牵一发而动全身"。如果主要矛盾是教师对小课题研究的认识不足，机制的建立就要有利于提高教师对小课题研究的认识；如果主要矛盾是教师小课题研究的技术问题，机制的建构就要着力于小课题研究的质的提高；如果主要矛盾是教师小课题研究的诸多困惑，说明教师小课题研究已经有一定基础，这是一种可喜的现象，困惑越多说明进步越大，机制的建构就应该鼓励探索、鼓励创造、鼓励发现。如此等等，不再赘述。

3. "关键事件"的确定

小课题研究区域推进机制的建构，不一定需要面面俱到。小课题研究过程中，教师遇到的问题是方方面面的，教师群体涉及面宽，研究领域涉及面广，学校的研究基础和研究特点也有所不同，在区域层面，我们也不可能建构面面俱到的区域推行小课题研究机制。因此，我们必须抓住真问题、重点问题、关键问题、本质问题，找准落脚点。如四川泸州市江阳区在小课题研究推行过程中由于发现部分课题研究的"选题"较大且不明确，导致"问题解决"对策缺乏针对性，于是调整了制度，规定课题申报前必须做调查研究，并就如何做调查研究、如何写调研报告专门开展了培训。广州市海珠区在小课题研究过程中，发现"小课题研究理论基础不够充实，研究的思路不够清晰，研究项目设计过程缺乏整体性"问题，在研究实施之前，组织相似研究课题进行集体开题论证，并制定了《关于进一步规范海珠区小课题研究开题论证会的意见》等。

（二）科学性

小课题研究区域推进机制科学的建构，就是基于现实、面向未来的建构。这样的机制应该是周全的、可行的、开放的和有效的。

小课题研究区域推进机制的科学建构应注意以下三点。

1. 稳步推进

小课题研究的区域推行,不要奢求一步登天,要脚踏实地,循序渐进。

首先,小课题研究区域推行的政策、条例、制度要符合学校和教师的需求,避免"上有政策,下有对策"的现象。

其次,小课题研究区域推行的机制建构过程一定要慎重,但一旦建立就应该具有稳定性,不能朝令夕改。区域推行的机制,主要是发挥总规范、总提调作用,它们不仅具有规范、导向、促进、激励作用,还具有培育作用。培育有一个过程,虽然不同推进阶段机制可做适当微调,但主体机制应该在较长的时间内一以贯之。

最后,小课题研究区域推进的机制不仅是"必须做",更重要的是"怎样做",即有要求更要有指导。推行机制中要渗透耐心,要给教师调整认识的时间,推行机制中要贯穿细心,要给教师小课题研究的进步搭建阶梯。在要求规范的同时,更重要的是提供业务指导、辐射推广、多元交流、多向交流等资源和平台,让小课题研究的推行速度呈几何级数增长。

2. 宏微调配

宏微调配是指宏观管理与校本微观落实相结合。宏观管理是微观落实的引领,微观落实是宏观管理的支撑。两者必须协调一致,及时调配、适时调配、合理调配,从而能有效推进小课题研究。如广州市某区在推行区域小课题研究时,实施三级管理制度,即区教育局、学校和课题负责人。其中,规定小课题以校本管理为核心,问题选择、方案设计、开题论证、中期交流、成果提炼、经费管理、评奖等均由学校组织,区级有关部门只是进行立项审批、组织两年一度的区级教学成果奖的评审,中期研究更多的是组织"小课题研究方法"主题培训,开展小课题研究校本辅导,提供专业技术支持等。

3. 纵横互补

纵横互补是指纵向研究过程落实与横向推广应用管理相互补充。

纵向研究过程的落实,可以设计简明的《小课题研究手册》,设立小课题研究博客群、微信群等方式,追踪研究过程。横向推广应用管理可以采取分层推广（什么层次的成果适合向什么层次的学校和什么层次的教师推广，推广到什么程度）、分类推广（什么类型的成果适合在什么类型的学校推广，适合向什么类型的教师推广）和分时推广（在什么时机、什么环境下推广效果最好）的方式。纵向研究过程的落实让小课题研究有实效，横向推广应用管理让小课题成果有归属，两者互补，才会是良好的运行机制。

案例23 构筑区域性小课题研究推行机制
——以浙江省淳安县为例[①]

浙江省淳安县区域推进"小课题研究"实践，是教育制度创新的重要成果，是教师专业发展方式的有效整合，也是实现教师成长的内驱机制。其基本操作模式可以概括为重拳强势的制度导向模式、缜密完善的组织架构模式、灵活便捷的课题运作模式、公开透明的过程监督模式、及时周到的支持服务模式五个部分。

一、重拳强势的制度导向模式

淳安县小课题研究是当地教育行政部门利用教师考核评价等导向性手段强势推行的。当地教育行政部门除了颁布《县域推进小课题研究的实施管理意见（试行）》《教育科研评审指导小组工作条例》等一系列政策条例外，还在"引领""合作交流"和"评价"三大层面设计了相对周密完善的相关制度。

（1）引领制度，包括专家引领、骨干引领和基地引领。其中，专家引领是指聘请省、市专家对课题方案设计、课题研究理论、中期研究检查、结题报告撰写等方面进行多方位指导；骨干引领是指通过发挥本土科研骨干的作用，理顺县、片、校之间的导向引领程序；基地引领是指通过基地

---

① 本文作者是浙江省教育科学研究院方展画等老师。原文题目为《"小课题研究"：教师快速成长的有效途径》，载《中国教育报》2011年1月3日，选用时略有编辑。

学校的帮扶引导，促进周边学校的课题研究。

（2）合作交流制度，包括校际合作交流制度和教师合作交流制度。两项合作交流制度均以"三通"为目标。校际合作交流制度的"三通"为：通制度，兄弟学校或结对学校将各自的教科研管理制度和奖励制度相互公开、相互学习、相互借鉴；通资源，校际教科研学习资料和操作程序相互公开、相互利用；通活动，校际教育教学研讨活动互相开放。教师合作交流制度的"三通"为教师协作小组间通资源、通活动、通智慧提供了基础。

（3）激励制度，包括展示性激励和评价性激励制度。展示性激励，即通过推广优秀小课题研究成果，让教师体验到研究的收获和乐趣。评价性激励制度，则渗透于学校和教师的各种评优领域：教育行政部门将学校组织小课题研究的情况作为教科研先进集体、先进教研组评审的重要内容，将小课题研究纳入教师年度考核、评优选先和职称评定，并作为骨干教师、学科带头人、拔尖人才选拔和考核的重要条件。

二、缜密完善的组织架构模式

在组织架构上，淳安县建立了"县—片—校"三级管理体制，并对每个组织的功能和任务做出了详细的界定，为小课题研究的开展提供了组织保障。

（1）在县级层面，成立县小课题研究领导小组，由教育局分管局长任组长，直接统领全县的小课题研究工作。下设县小课题研究指导小组和县小课题研究评审小组，与县教研室共同开展工作。指导小组主要负责小课题研究的业务指导与结题鉴定工作；评审小组负责小课题研究的成果评审与推介活动；县教研室为小课题研究的组织实体，负责文件起草与下发工作，具体安排指导、鉴定、评审等各项活动的开展。

（2）在片级层面，成立片小课题研究中心组，负责同一片的小课题研究管理指导工作，并配合县教研室组织相关人员参加指导、鉴定和评审等工作。片小课题研究中心组由全片中小学的教科室主任组成，组长由该片科研能力强、组织能力突出的教师担任。

（3）在学校层面，成立校小课题研究领导小组，下设小课题研究指导小组和评审小组,与校教科室共同开展工作。校小课题研究领导小组主要负责本校小课题研究规划,组织开展小课题研究的具体工作;校小课题研究指导小组和评审小组一般由校教育科研骨干教师组成,主要负责引领教师开展小课题研究,并对研究成果作出鉴定。

三、灵活便捷的课题运作模式

小课题研究是一种教师因问题而提出研究方案,在实践中检验方案,因问题的解决而结束研究的研究模式,具有情境性和随机性,因此,小课题研究的运作模式也体现出灵活性和便捷性。

(1)申报随时。小课题研究规定,教师只要有问题想要解决,并且这些问题具有可行性和可操作性,可以随时向学校教科室提出课题申报。学校小课题研究指导小组中的2位成员对该课题进行开题论证,并在学校教科室进行立项备案,教师的小课题就成功立项了。

(2)方案简洁。在保证有问题、有分析、有主题、有策略的前提下,小课题研究方案的形式是多样化的,可以是文本式的,也可以是表格式的。

(3)结题自由。小课题研究起于问题的发现,止于问题的解决。教师只要认为问题已经解决,已形成相关研究成果,便可向学校教科室提出结题申请。学校教科室将多个结题时间趋近的课题汇总后,统一向县教研室提出申请。县教研室视全县申请情况,协调统一安排县小课题研究领导小组成员及县小课题研究评审小组成员,配合学校进行现场结题鉴定。

(4)成果多元。除了常规的研究报告外,小课题研究的成果还可以是教育叙事、教育随笔、教育案例、课堂教学光盘、课件、自制教具等。同时,它可以是一种形式,也可以是多种形式的组合。

四、公开透明的过程监督模式

为避免小课题研究流于形式,过程监督模式的建立及运用是关键。该县秉持"宽立项、强过程、重成长"的理念,在小课题研究推进过程中逐渐形成了公开透明的监督模式。

(1)开展"一周一校"调研督导工作。县小课题研究管理者与学校校长、中层干部和教师保持联系,每个星期争取能去一所学校,亲临教学研究现场，了解掌握各校小课题研究进展，对小课题研究工作进行指导。

（2）《小课题研究手册》追踪研究过程。学校教科室负责研究过程的日常督导工作，要求每个参加小课题研究的教师，把从申报立项到课题结题这一全过程中的主要会议、大事、体会等都清晰记录在县里专门设计的《小课题研究手册》中。每位教师的《小课题研究手册》将会通过学校相关网站进行公布，接受全校师生的监督。

（3）"博客"平台彰显管理特色。"博客"是开放的、互动的，在网络中教师小课题研究的信息得以公开化和透明化，并接受来自各方的监督。在《小课题研究大事记》和《小课题研究月报制》等制度的规定下，教师每月需通过博客上报课题进展情况，做到月月有小结、期中期末有汇报，实现了研究过程管理的信息化。

五、及时周到的支持服务模式

淳安县重视开展小课题研究的支持和服务工作，为教师小课题研究提供全程服务，排忧解难。

（1）课题研究知识的指导服务。一是在教师开展小课题研究的过程中给予知识和技术指导，通过讲座、培训等向教师传授如选题方法、反思技术、"问题库"建设等知识；二是在教师小课题研究协作小组中，开展团队互助服务，通过交流探讨，采集集体智慧、解决教师困惑。

（2）博客联盟的操作指导。一是组织开展教师博客使用技术的校本培训，使教师学会博客建立、博文发表、照片上传、评论等技术；二是营造良好的博客课题研究氛围，学校对教师参与网络互动提出明确的要求，并组织校园博客大赛、教师博文大赛等活动，努力营造网上课题研究热潮。

（3）主题研究活动的周密策划。一是组建"县小课题研究骨干培训班"，邀请省、市专家进行讲座培训，组织成员赴其他省、市进行实地考察学习；二是开展交流研讨活动，帮助教师内化先进教育理念；三是将每届一等奖获得者的优秀小课题成果向全县推介，推介形式为公开课或专题报告等；四是通过小课题研究现场观摩展示活动，让更多未曾接触过小课题研究的教师直观地感受小课题研究过程。

点评：

面对教师专业发展的重重困境，结合地域特点，淳安县因地制宜，采取本土培养方式，创造性地提出了小课题研究的办法。首先，他们创新区域科研管理制度，对小课题研究的基本程序、运行机制、评价体系、管理方式等都作出了具体翔实的规定，使小课题研究的各个环节有据可依、有章可循，规范了小课题研究的基本操作，有力推动了小课题研究向全县每所学校覆盖。其次，他们将小课题研究作为促进教师专业发展的重大举措，将反思与批判、自主学习、同伴互助与专家指导、实践等作为小课题研究的基本要素，有效整合了教师专业成长的基本途径，为教师提供了一个综合性的学习平台。

小课题研究一开始固然离不开教育行政部门的强势推行，但当教师在研究过程中，逐步感受到职业的内在尊严、价值与自信，激发起内心对研究的热爱，萌发教育研究的幸福感之时，小课题研究便成为教师的一种自主自觉行为，达到教育教学的"自为"和"自由"境界，成为教师专业成长有力的内驱机制，教师成为有思想、有能力、有智慧、有悟性的教育实践主体，教师找到了专业发展的新基点，专家型教师也有了培育、成长的沃土，区域教育研究也会呈现出欣欣向荣的景象。